金持ちのヤバい資産形成術

大村大次郎
Omura Ojiro

JN230557

Chuko Shinsho
La Clef
573

中央公論新社

まえがき

「日本の金持ちの税金は世界一高い」

などと言われることがあります。

確かに、税率だけを見れば、所得税の最高税率は45％ですし、相続税の最高税率は55％であり、日本の高所得者、資産家の税金は世界的にとても高いです。

が、それは、金持ちが、ちゃんと税率通りに税金を払っていれば、の話です。

日本の金持ちというのは、実質税負担（所得に比して本当に負担している税率）は、先進諸国よりもかなり低いのです。

実質税負担率は、年収1億円くらいまでは、年収に応じて大きくなっていきます。が、年収、1億円を超えるくらいから急に下がることがわかっています。

それは、金持ちがあの手この手を使って、税金を逃れているからなのです。

昨今、パナマ文書などで、「タックスヘイブン」というものが時々話題になります。タックスヘイブンというのは、ざっくり言えば税金が極端に安い地域、国のことです。金持ちは、ここに資産や収入を移して、税金を免れているのです。

が、金持ちが使っているスキームというのは、タックスヘイブンだけではありません。税務署も気づいていないような、税法の盲点をついているともいえるような方法を使って税金を逃れているのです。

あまり知られていませんが、この世の中には、「節税商品」（タックスシェルター）なるものが存在します。これは、その商品を買うと税金を逃れられるというものです。

また「財団法人」を使って税金を逃れるという方法もあります。たとえば、公益事業を行う財団（公益財団法人）などをつくって、そこに自分のお金をぶち込むのです。その財団は、金持ちの意のままなので、実質的には、自分の資産を自分のいいように使えるのです。そして、その財団にぶちこんだお金は、相続税の対象からはずされるのです。

ところで、昨今、日本では庶民の税負担が急激に増加しています。

消費税は、この20年間で８％にまで増加しました。社会保険料の掛け金は、年を経るごとに増額されています。これは、「金持ちから税金を取れないから庶民から取っている」のです。

つまりは、金持ちはズルいことをして税金を逃れ、そのしわよせが庶民に来ているということなのです。

なぜこんなことになっているのか、というと、国民全体が税金のことをよく知らないからです。一般の人というのは、驚くほど税金に関しての知識がありません。特にサラリーマンの場合は、自分の税金を自分で申告する機会がほとんどないので、国の意のままに税金を取られているのです。金持ちがズルいことをしていても、なかなか国民は気づかないのです。いや、国民だけじゃなく、官僚や政治家さえ気づいていない部分が多々あるのです。

一方、金持ちは税金に関して非常によく研究しています。そして、金持ちを助けるプロパーも多数存在し、彼らも税金や資産管理について、高度な知識、テクニックを持っています。

それが結局、庶民の税負担を引き上げることにつながっているのです。金持ちはどんどん資産が溜まり、庶民の生活はどんどん苦しくなります。これで格差社会ができないわけはありません。

つまり、「金持ちと貧乏人を分けているのは税金である」ともいえるのです。

まず我々がすべきことは、金持ちが陰で何をしているのか、真実を知ることだと思われます。真実の知識、情報を仕入れ、理論武装しないことには、金持ちに対抗することはできませんからね。


本書は、金持ちが今、資産形成、節税のために何をやっているのか、ということを具体的に解説するということを趣旨にしています。

ここで紹介するスキームには、「法的にグレーゾーンのもの」や「明らかに非合法なもの」も含まれています。本書は「こういうスキームを使えば節税になる」という類のものではありませんし、その効力を保証するものでもありません。むしろ、こういうことをやっていれば、いつか大変なことになります、という警告をしているものです。

その点は、あしからずご了承ください。

目次

金持ちのヤバい資産形成術

図表作成・本文ＤＴＰ／市川真樹子

第1章

なぜ金持ちは「金」を買うのか？

金の購入は相続税対策になるのか？

昨今、資産のリスクヘッジや相続税対策として、金の購入をする富裕層が増えているようです。

まあ、金持ちが「金」を欲しがるというのは、太古からあったわけです。それが、昨今、拍車がかかっているというわけです。

が、一般の人には、なぜ金持ちが金を欲しがるのか、よくわかりませんよね？

「金」を持つことは、現金や預金、金融商品を持つこととどう違うのか？　どこにうまみがあるのか？

その辺をご説明していきたいと思います。

まずは、次の新聞記事を読んでみてください。

〈東京の三越日本橋本店で7月、純金製品を展示即売する「大黄金展」が開かれた。金の像や小判、仏具などがきらびやかに並び、品定めをする客でにぎわっていた。

会場の一角には、別の目的の人たちが集まっていた。１キロの純金の地金を、小さな100グラムのバー10本に分割加工するサービスを受け付けるブースだ。期間中60人が計100キロの加工を申し込んだ。加工には４週間ほどかかり、手数料は１キロ当たり税込み21万６千円。１キロの地金を何個か持参した都内の80代男性はこう語った。「小さなバーにしておけば贈与の場合も売る場合も便利。そりゃ（税金を）意識しています」（中略）

金を小分けする人々の主な目的は、子や配偶者に資産を受け渡す際にかかる相続税や贈与税の節税だ。（中略）

金を売るときの節税にも「小分け」は役立つ。

金を売って得たお金は「譲渡所得」として扱われ、年50万円の特別控除（非課税分）を超えると所得税がかかる。ここでも、１キロ単位で売るよりも、売却額が特別控除の枠内でおさまるよう、100グラム単位で売った方が所得税の節税になる。（中略）譲ってよし、売ってよしの小分けサービスの人気は高まっている〉

（『朝日新聞』2015年９月７日朝刊）

なぜ金を小分けにすると節税になるのか？

この記事では、金を持っている人が、100グラム単位で小分けすることで、相続税対策をしているということを紹介しています。

つまりは100グラムのバー10本に小分けすれば、1本の時価（2016年9月時点）は50万円になり年間の贈与税基礎控除額110万円を下回るので、金の延べ棒を毎年1本ずつ贈与することで手数料を払ったとしてもそれ以上の節税ができる、ということです。

が、一般の人には、「贈与税の基礎控除額」などと言われても、何のことかよくわかりませんよね？

なので、ここでちょっと贈与税について、説明しておきますね。

贈与税というのは、だれかにお金や物をあげたときにかかってくる税金です。

本来、お金や物を贈与すれば、それは家族間であっても贈与税がかかります。なぜお金や物をあげたときに税金がかかるのか、というと、相続税の取りっぱぐれを防ぐためです。

資産家は、相続税対策のためになるべく自分の資産を減らそうとします。生前に自分の資産を家族などに贈与して、分散してしまうのです。

でもそれを許していると相続税が取れなくなります。なので、税務当局は、贈与したときにも税金がかかるようにしたのです。

そのため、贈与税の税率は、21頁の表のように、相続税とまったく連動しています。

現在のところ、贈与税の最高税率は55％ですが、これは相続税の最高税率が55％だからです。

もし贈与税の税率の方が低ければ、相続税がかかる前に、贈与しておこうということになるからです。

年間110万円までの贈与には税金がかからない

では、なぜ毎年110万円以下の贈与をすれば、節税になるのか（税金がかからないのか）をご説明しましょう。

贈与税には、基礎控除というものがあります。

それが110万円なのです。

つまり、年間110万円までの贈与には、贈与税がかからないのです。

世間一般では、そのくらいの贈答は行われるものなので、そのくらいまでは税金を掛けずにおきましょう、ということです。

この基礎控除は「あげる側」ではなく「もらう側」に適用されるものです。

だから、あげる側には、贈与税はかからないので、あげる方は何人にあげてもいいのです。

つまり資産を持っている人が10人に対して毎年110万円を贈与してもいいのです。

そして、この贈与税の基礎控除は、贈与が親族間だけではなく、赤の他人間でも適用されます。

孫や甥、姪にも、110万円までなら無税で贈与できるのです。

この贈与税の基礎控除を使うと、相当額の相続税が節減できます。

たとえば2億円の資産を持っている人がいたとします。

この人は独身で、法定相続人は妹しかいません。この人がこのまま死ねば、妹には相続税が数千万円かかる可能性があります。

しかし甥や姪や、知り合いなど10人に対して、毎年110万円ずつ贈与したとします。

すると、毎年1100万円の資産を無税で、他の人に移すことができます。10年で1億1

０００万、20年で２億２０００万円です。これを二十数年続ければ、この人の資産は基礎控除以下となり、相続税は発生しなくなるのです。

だから億単位の相続資産を持っていても、ちょっと頑張ればすぐに相続税対象外にすることができるのです。

図表１　贈与税の税率

基礎控除後の課税価格	税　率	控除額
200万円以下	10%	―
300万円以下	15%	10万円
400万円以下	20%	25万円
600万円以下	30%	65万円
1,000万円以下	40%	125万円
1,500万円以下	45%	175万円
3,000万円以下	50%	250万円
3,000万円超	55%	400万円

＊直系尊属への贈与では税率が異なる

図表２　相続税の税率

法定相続分に応ずる取得金額	税　率	控除額
1,000万円以下	10%	―
3,000万円以下	15%	50万円
5,000万円以下	20%	200万円
１億円以下	30%	700万円
２億円以下	40%	1,700万円
３億円以下	45%	2,700万円
６億円以下	50%	4,200万円
６億円超	55%	7,200万円

金は小分けにした方が隠しやすい？

さて、金の話に戻りましょう。

なぜ金の地金を、１００グラムの小分けにするかという話です。

金の地金１キロだと現在の時価で５００万円近くになります。

これをそのまま親族などにあげれば、贈与税の基礎控除額１１０万円を大きく超えてしまいます。そのため、50万円近い贈与税がかかってしまうのです。

それを逃れるために、21万６０００円の加工賃を払って、１００グラム単位に小分けしてもらうというのです。

金１００グラムでは、時価50万円前後なので、贈与税の基礎控除額を下回ります。だから、年間に２本くらいをあげても贈与税はかからないわけです。

が、実は、これは、「普通の節税」だけを目的とするならば無駄な作業なのです。

というのも、そんなことをしなくても、毎年現金などで家族に１１０万円を贈与し、５年後に地金をキロ単位で家族に販売すればいいのです。

つまり、5年間で550万円の現金をあげ、その現金で金の地金を売るということにすればいいのです。

もし金の相場が、5年間でそう変わっていなければ、税金関係はほとんどかかりません。

またもし金の相場が大きく変化していれば、税金よりも、金の価格変動による損益の方が大きくなってしまうので、これまた節税策としては意味がなくなってしまうのです。

では、なぜ彼らはこういうことをしているのでしょうか？


ここから先は、私の推測になります。

ズバリ言うと、小分けにした金の延べ棒は「隠しやすい」ということです。

つまり年間に2本などではなく、もっとたくさんの地金を適当に家族に分配する（贈与税の範囲内ではなく）のです。

もちろん贈与税の範囲を超えていれば、贈与税がかかってしまいます。

でも分散して保管していれば、税務署に見つかりにくいというわけです。少なくとも、小分けにせず500万円相当の金の地金をそのまま持っているより、小分けにして分散していた方が、「全部発覚する確率」は少なくなる、ということです。

つまり、「節税」ではなく「脱税」のために、金を小分けにしているということです。

金というのは、昔から金持ちの資産隠しの定番でもありました。

国税庁が毎年、発表する査察白書では、「こういう資産隠しをしていました」という事例がいくつか載っているのですが、金を家のどこかに隠していたというのは、頻繁に報じられています。

そういう発覚を防ぐために、小分けにするということです。小さな金の延べ棒であれば、隠しやすいですからね。ただ、国税庁の発表では、金の延べ棒が発見されるという報告は数多くありますが……。

脱税と節税の境目とは？

前節では、「節税ではなく脱税のために金を小分けにする人もいる」という私の推測を述べました。

が、一般の方には、節税と脱税の違いがよくわかっていない場合も多いかと思われます。

分け知りぶった経済評論家が、「節税の延長が脱税」などということもありますしね。

なので、ここで、節税と脱税では、何が違うのかということをご説明しておきましょう。

実は節税と脱税というものには、明確なラインがあります。節税の延長が脱税などではないのです。

では、そのラインとは何かというと「不正を行ったかどうか」ということです。

不正を行って税金を安くしようとした場合は、脱税となります。額が小さい場合は、起訴まではされませんが、重加算税という罰金的な税金が課せられます。そして、額が大きくなった場合（だいたい1億円以上）、「税法違反（つまり脱税）」として起訴され、刑事罰を受けることもあります。

で、「不正」というのは、どういうことを指すかというと、隠し立てしたり偽装したりすることです。

税法の解釈を間違ったような場合や、うっかりミスというのは、「不正」とはみなされません。追徴課税はありますが、重加算税を課せられたり、起訴されたりすることはないのです。

「隠し立て」や「偽装」など、明らかな不正があった場合に、脱税となるのです。

先ほどの金の延べ棒の例で説明しますと、金の延べ棒を小分けにして、毎年110万円以内を親族に分け与えるのは、節税ということになります。何も隠し立てしたり、偽装したりはありませんからね。

が、金の延べ棒を、こっそり親族に与え、親族がそれを隠して、相続税の申告をしなかったような場合は、「脱税」となるのです。

ちなみに、金持ちというのは、あまり「脱税」はしません。

なぜなら、金持ちは、節税策をいろいろ知っており、また節税策を伝授してくれるコンサルタント的な人もいるために、脱税をせずとも税金を払わずに済んでいるのです。

ではなぜ脱税をする人がいるのか、というと、急に儲かった人、急に金持ちになったような人は、節税の知識がないことが多いからです。節税には、事前準備が欠かせません。が、急に金持ちになった人は、そういう準備をしていないことが多いのです。だから、急に多額の税金が課せられることになり、慌てて脱税をしてしまうのです。

また、金持ちの中にも、確信犯的に脱税をする人もいます。

税務署の欠点を知っていて、その弱点を突く形で脱税をするのです。そういうスキームもこれから検証していきたいと思っています。

金に含み益があれば譲渡所得として所得税がかかる

再び金の話に戻りましょう。

金を小分けにするというのは、「相続税対策」だけではなく、「所得税対策」でもあります。

これも一般の方には、ちょっとわかりにくいですよね？

が、金のメリットを知る上で、大事なことなので辛抱して読み進めてください。

金というのは、価格が上下します。

そして金の値が上がった場合は、その値上がり分は、その人の収入ということになって、課税されるのです。

でも、金の値が上がった時点では、課税されません。その金を売ったときか、誰かに贈与した時に、購入時よりも時価が高くなっていれば、その差額に課税されるわけです。

だから、金が安い時期に購入していて、贈与する時点で相当の金の含み益がある場合は、元の持ち主に所得税がかかるのです。

たとえば、金１キロを２００万円で購入して持っているような場合は、現時点で時価が５

00万円程度になっていますから、300万円くらいの含み益があります。

これを1キロ単位で家族に贈与した場合は、あげる側が300万円の収入を得たとみなされるのです。

つまり、値上がり益の300万円は、あげる側が享受しているとみなされるのです。金などを売却した場合、取得金額よりも高く売れて「売却益」が出た場合には、「譲渡所得」として、所得税の対象となります。

200万円で買った物を500万円で売れば、300万円の売却益が出ますので、その売却益には税金がかかるのです。

で、売らずに人に贈与した場合も、贈与した時点で値上がり益があれば、その値上がり益は、元の持ち主の収入に換算されるのです。

そして、300万円の売却益が出た場合は、「譲渡所得」としてその年の他の収入に合算され、所得税が上乗せ課税されることになります。

この300万円の譲渡所得により安くても15万円程度、高い場合は、100万円くらいの税金がかかってきます。

100グラム単位に小分けすれば、この譲渡所得による所得税上乗せを避けることができるのです。

譲渡所得には50万円の特別控除があります。

たとえば、1キロの金を売って300万円の売却益が出た人は、300万円－50万円で、残りの250万円が所得に加算されるわけです。

が、これを小分けにして100グラム単位にして贈与すれば、100グラムあたりの含み益は30万円程度に過ぎません。そのため、譲渡所得の特別控除50万円の範囲内に収まるので、譲渡所得の上乗せ課税はされなくて済むということなのです。

リスクヘッジとしての「金」

金持ちにとって、金の購入は、所得税対策、相続税対策であるとともに、リスクヘッジでもあります。

金というのは、世界中で所有量が限られており、そう大量に増加するものではありません。

そして、古代から、価値のある貴金属としての地位を守ってきました。

だから、インフレ、デフレなどで自分の資産を目減りさせないために、リスクヘッジとして、金を持っておくのです。

ただし、金の相場というのは、言われているほど安定しているものではありません。

2000年ごろに1グラム900円だったものが、今は5000円近いのだから、15年間でなんと5倍に上昇したのです。

そういう上昇をするということは、下降することもあり得るのです。金というのは古来、実はその価値が乱高下してきたものです。

もちろん、このまま上がり続ければ、問題ありません。

が、下がった場合は、どうでしょう。もし二分の一になった場合は、財産が半分に減るのです。

実際、1980年から1985年の間には、金の価値は半分以下になっています。

筆者は、金取引についての専門家ではありませんので、この辺はなんとも言えません。が、乱高下する商品を買うということは、その損益の責任を自分で取らなくてはならないということです。

そして、金の価値がちょっと増減すれば、相続税や贈与税の節税分はすぐに飛んでしまうこともあります。

つまり金の購入は、真の意味での「リスクヘッジ」ということです。

物の値段、不動産の値段、お金の価値というのは、その時代、その時代で、上下します。

だから、金持ちは、自分の資産をなるべくいろいろな種類に分散しておきます（このような組み合わせをポートフォリオと言います）。その一つとして「金」があるわけです。

現金や金融商品、不動産などと並んで、金を持っておくということです。そうすれば、お金の価値が下がったり、不動産価値が下がったときに、もしかしたら、金だけは価値が上がっているかもしれません（実際のところ私には、何ともいえませんが）。

自分の資産全体の価値をリスクヘッジしておくためのツールの一つとして、金の購入はあるのです。

また金というのは、短期的に見れば上がり下がりしながらも、長い目で見れば、長期間ずっと上がってきています。

だから、長いスパンでの蓄財、資産管理としては、「今のところ」有効なスキームであることは間違いないでしょう。

第2章

なぜ金持ちは
高層階に住むのか？

億ションが一瞬で売れてしまう理由

都心の一等地に建てられたマンションが、発売と同時に完売したというようなニュースを時々耳にします。

たとえば、2015年の年末から16年春にかけて、「パークコート赤坂檜町ザ タワー」というマンションが完成し、販売されました。

地上44階建ての超高層タワーマンションで、戸数は322です。場所は港区赤坂9丁目の東京ミッドタウンに隣接しているという超一等地です。売主は、三井不動産レジデンシャルです。

なにからなにまですべて「超一等」という感じのマンションです。

もちろん、値段も超一等です。

最高価格の部屋はなんと15億円。

そして、マンション全体の平均坪単価(3・3平方メートルあたりの価格)は約1000万円なのです。

これは、バブル崩壊以降の最高額だとされています。しかし発売するやいなや、すぐに完売したということです。

昨今の高級マンションは、中国人や台湾人が購入しているというイメージがありますが、現実には、そういうケースはさほど多くはないようです。

購入者の大半は、日本人であり、しかも投資ではなく、住居やセカンドハウスとして購入しているものが多いそうです。

つまりは、このような超高級マンションを、「買って住もう」という人がけっこう多いということなのです。

なぜこのような超高級マンションが、瞬時に売れるのでしょうか？

いくら高級といっても、所詮マンションなので広さは限られています。

どうせなら、そこまで一等地じゃなくても、便利なところに豪勢な一戸建てを買った方がよほど「金持ち感」は味わえるんじゃないか……、と庶民の発想では思ってしまいがちです。

しかし、高級マンションが売れるのは、単に「住居」としての価値のせいだけではないのです。資産管理という面において、高級マンションは非常に優れているのです。もっと有り体にいえば、相続税対策、固定資産税対策になるということなのです。

どういうことか説明しましょう。

遺産は金ではなく不動産で残せ

金持ちが、高級マンションを買うことの大きな目的として「相続税対策」があるといえます。

もともと遺産を「家」で残すことは、実は非常に相続税の上では有利になっています。財産をお金や預貯金で残せば、そのままの金額が相続税の対象となります。たとえば、1億円を預金で残せば、1億円まるまるが相続税対象額となるのです。

しかし、「家」の場合は、そうではありません。

というのも、家の場合の遺産としての評価額は、土地の部分はたいていは路線価を基準に、建物部分は、固定資産税評価額を基準に決められます。

路線価というのは、国税庁が毎年決める、道路に面している土地の評価額のことです。固定資産税評価額というのは、市区町村の担当者が建物を見て、これはいくらぐらいかというのを算定して決めます。そしてこの固定資産税評価額は、年を経るごとに減額されていきます。年を経れば建物の価値は減っていきますからね。

路線価にしろ、固定資産税評価額にしろ、たいがいの場合、市場価格よりも若干低めに設定されています。市場価格よりも高くなった場合は、相続税を取り過ぎることになりますので、やや低めに設定されているのです。

しかも、建物の場合は、建ててから年数を経るごとに価値は下がっていきますので、10年も経てば、半額以下になることも珍しくありません。

たとえば、とある男性の遺産に4000万円で購入した住宅があったとします。

この住宅は購入するときには、土地2000万円、建物2000万円でした。購入してから20年後に、持ち主が死亡し遺産となったのです。

で、相続税の評価額を算出した場合、土地の値段は路線価を基準にすれば1800万円となっており、建物は固定資産税評価額が600万円となっていました。

相続税の対象となる遺産としての評価額は2400万円だったのです。

つまり、4000万円の資産が2400万円にまで圧縮されたのです。

土地の場合は、値上がりする可能性もあり、すべてのケースに当てはまるということではないけれど、大半のケースでは、預貯金よりも家で残した方が、遺産としての評価額は減少するのです。

そして、マンションには、一戸建てよりもさらに有利な条件があるのです。

330㎡以内の宅地を相続すれば相続税は80%減

家は、前節で述べたことだけではなく、さらなる相続税法上の特典があります。

というのも、故人と遺族が同居していた「家」の場合は、相続資産の評価額が大幅に下げられるのです。

「死亡した人と同居していた家族が、死亡した人の家を相続した場合」には、その土地の評価額が80%も減額される、という特例があるのです。

これは、「小規模宅地等の特例」と呼ばれるものです。

330㎡以内の宅地を、死亡した人と同居している親族が相続した場合に適用されるものです。

同居している親族というのは、もちろん配偶者も含まれます。

だから、簡単に言えば「夫が死亡して、妻がその家を相続した場合」は、その土地の評価額は5分の1でいいということなのです。子供が同居していた場合は、子供もこの恩恵の対象になります。

そして、この３３０㎡の縛りは、全国共通です。

都心部であっても、地方であっても、３３０㎡以内の宅地は、この特例の対象となります。たとえば、都心部で３３０㎡の宅地（仮に10億円）を持っていても全部がこの特例の対象となりますが、地方で６００㎡（仮に１０００万円）の宅地を持っていても、この特例からはみ出てしまうということです。

だから、地方で広大な家を建てるよりは、都心部で３３０㎡以内の宅地の家を建てる方が、相続税対策になるということです。

マンションであれば、どんなに広くても、所有している土地の面積が３３０㎡を超えることはありません。

で、富裕層といえども都心の一等地に一戸建てを持つということは、なかなか難しいものです。都心部で一戸建てを買おうと思えば、10億円出しても大した家にはなりませんからね。そもそも都心部のいい場所には、なかなか土地は売っていませんし。

しかし、マンションであれば、都心の一等地にかなり広いスペースを確保できます。だから、富裕層は都心部の高級マンションを購入することが多いのです。

高級マンションは固定資産税も安い

高級マンションは、相続税だけじゃなく、固定資産税も非常に有利になっています。固定資産税には、狭い宅地（200㎡以下）には大幅な割引特例制度があるのです。固定資産税というのは、土地や建物の評価額に対して、1・4％かかることになっています。

しかし住宅用の狭い土地（200㎡以下）に関しては、固定資産税は6分の1でいいという規定があるのです。

なぜこういう制度があるかというと、住宅地の税金が高くなってしまうと、庶民の生活費を圧迫するからです。だから、200㎡以下の土地には、固定資産税が大幅割引になっているのです。

そして、マンションの土地所有面積というのは、建築面積ではありません。マンションの敷地を、戸数で割ったものとなります。だから、実際の部屋の広さよりも、かなり小さい数値となります。だから、マンションの場合、土地所有面積が２００㎡を超えることは、ほとんどありません。

つまり、マンションの場合は、ほぼ１００％、土地の固定資産税は6分の1になるのです。

この固定資産税割引制度の条件は、土地の広さだけです。土地の価格はまったく考慮されません。

そのため、いくら都心の一等地のマンションであっても、２００㎡以下であれば、６分の１になるのです。

たとえば、郊外に２０００万円する６００㎡の土地に家を建てたとします。この土地は、２００㎡を超えていますから、普通に固定資産税を払わなければなりません。

が、都心の一等地のマンションを2億円（土地の相当額は1億円）で買ったとします。が、このマンションの部屋は、土地の持ち分にすれば、数十平方メートルに過ぎませんから、固定資産税は通常の６分の１になるのです。

なぜ高級マンションは高層階から売れていくのか？

都心部で高級マンションが売り出されると、高層階から売れていくと言われています。

もちろん高層階の方が、価格は高く設定されています。つまりは、高い物件から先に売れていくというのです。

なぜこのようなことが起こるのでしょうか？

それだけ、お金を持っている人がいる？

それも言えるでしょう。

が、高層階には、実は税制上の隠れた優位性があるとされていたからなのです。

「タワーマンション節税」

という言葉を聞いたことがある方もいるでしょう。

最近、相続関係の本などでもよく見られるようになりました。タワーマンション節税の要旨は簡単に言えば、次の通りです。

相続税の対象となる土地の評価額は、国税庁が発表する路線価が基準となります。そして路線価は、一つのマンションでは一つの価格しかつかないことになっています。高層階のマンションと低層階のマンションは、価格は全然違うのに、広さが同じであれば、相続税の土地評価額は同じになります。

５０００万円で購入した低層階の部屋も、２億円で購入した高層階の部屋も、相続税の評価額は同じであり、安い方の５０００万円となります。だから高層階のマンションを買えば、相続税が少なくて済むので節税になる、ということです。

また相続税ではなく、固定資産税でも、高層階のマンションは有利でした。

固定資産税の場合、建物の評価額は、建物全体で決められ、それを広さで按分されます。また土地の評価も、建物の路線価を基準にして、部屋の広さに応じて決められます。つまり、高層階であろうが、低層階であろうが、基準値は同じ額が設定されていたのです。

もちろん、高い値段で買った高層階の人は、固定資産税は非常に割安となります。

高級マンションが高層階から売れていくのは、このことも大きく影響していると思われます。

富裕層というのは、本当に目ざといというか、そういう情報に詳しいものなのです。

タワーマンション節税の落とし穴

ところが、実はこのタワーマンション節税には、大きな落とし穴があります。

この節税は、制度上の抜け穴を衝いたものであり、明らかに不公平感がありますので、税務当局もいつまでも黙ってみているわけではありません。最近になって税務当局は、厳しく対処するようになったのです。

そもそも、現行の法律の中でも、タワーマンション節税というのは、明確に「白」というわけではなく、グレーゾーンでした。

というのも、相続税の対象となる土地の価格というのは、必ずしも路線価が基準になるとは限りません。便宜上そうやってきたというだけであって、原則的には、土地の価格は時価で判定されるということになっています。

路線価というのは、すべての土地の時価はなかなかわからない場合が多く、時価がわからないと相続税の課税ができなくなるので、便宜上、国税庁が時価に代わる基準としてつくっているに過ぎないのです。

つまり、あくまで、相続税の対象となるのは「時価」なのです。

高層階と低層階の価格が明らかに違っているにもかかわらず、路線価が同じだからといって、同じ評価額になるのはおかしい、税務当局はそういう指摘をするようになりました。

実際に、高層階のマンションを買って、相続税を節税しようとした人が、国税から指摘され、修正させられた事案もあるのです。

これは2011年に最高裁の判決が出ており、国税側の勝ちになっています。

このタワーマンション節税が失敗した事例を簡単にご紹介しましょう。


2007年7月、A氏が病気で入院しました。A氏は、この翌月に、タワーマンションの高層階（30階部分）を2億9300万円で購入しました。その翌月の2007年9月、A氏は死亡しました。

2007年11月、タワーマンションの名義はA氏から、A氏の遺族に変更されました。

遺族は、このタワーマンションの評価額を5800万円として相続税の申告を行いました。

相続税に関しては国税庁の「財産評価基本通達」により、土地は路線価、建物は固定資産税評価額を基準に財産評価を行うということになっているからです。

2008年7月には、遺族がタワーマンションを2億8500万円で売却しました。ところが、この遺族の申告に国税が待ったをかけました。財産評価基本通達で評価した5800万円ではなく、タワーマンションの購入価格である2億9300万円で申告するべきであるとする処分を行ったのです。

A氏の遺族としては、法的に定められた通りに申告を行ったとして、国税不服審判所に不服申し立てを行いました。

しかし国税不服審判所は、

「このタワーマンションは、被相続人が死亡する前後の短期間に一時的に所有したに過ぎず、通常の財産とは違う（つまり節税目的で一時的にタワーマンションを購入しただけ）。そういう財産について実際の価値とは大きくかけ離れた資産評価をすることは、納税者間の実質的な租税負担の公平を害する」

として、タワーマンションの購入価格である2億9300万円で申告するべきであるとしました。

実は財産評価基本通達第６項には、次のような定めがあるのです。

「この通達の定めによって評価することが著しく不適当と認められる財産の価額は、国税庁長官の指示を受けて評価する」

つまりは、基本的に、財産の評価はこの通達通りに行えばいいのだけれど、それが著しく不公正になるような場合は、国税庁長官の指示により変更できる、ということなのです。

Ａ氏の遺族の場合は、この規定が適用されたのです。

そして、他のタワーマンション節税も、この規定が適用される可能性が高いのです。

Ａ氏の遺族は、もちろん不服として、裁判を起こしました。

しかし、最高裁でも次のような判決がでたのです。

「相続財産の評価においては、財産評価基本通達の定めにより評価することが原則であるが、それによらないことが相当と認められるような『特別な事情』がある場合には、他の合理的な時価の評価方法により評価することが認められている」

つまり、最高裁の判例においても、このタワーマンション節税は認められなかったのです。

このA氏の場合は、マンションの所有期間が非常に短いなど、明らかに節税目的の意図が見えた、という点もあります。そのため、不利な判決が出たとも言えます。

つまり、現在のところは、「明らかに節税の意図がある場合」には、否認されるということです。具体的に言えば、マンションの所有期間が非常に短いなどです。

ですが、この節税方法を使う人がもっと増えてくると、節税の意図がある無しにかかわらず、否認されることになるかもしれません。

また固定資産税の評価額は、今後、高層階マンションについては見直しがされ10％程度の加算がされることになっています。

だから、タワーマンションの節税アイテムとしての価値は、若干下がっていると言えます。

マンション、アパート経営は、どこが節税になるのか？

金持ちは、高級マンションを買って自分で住むだけではなく、貸マンションや貸アパートを建てるということもよく行います。金持ちの資産管理方法として、「マンシコン経営」「アパート経営」は定番でもあります。

ビジネス誌などでも、よく「マンションやアパートを経営すれば相続税の節税対策になる」ということが述べられています。

マンションやアパート経営をすれば、どこが節税になるのか、まずは基本的なことからご説明していきたいと思います。

マンション、アパート経営での節税は、大きく二つのポイントがあります。

一つは、マンション、アパート経営のための土地は、相続税の評価額が一般の土地よりも50％も減額される、ということです。

これは、先に触れた小規模宅地等の特例の中の、「200㎡以下の賃貸不動産用の土地を持っていた場合は、相続税の評価額が50％でいい」という制度です。

たとえば、1億円の土地（200㎡以内）を買ってマンションやアパートを経営した場合、その土地は5000万円として評価されるのです。

もし、1億円をそのまま現金や預貯金で持っていれば、1億円そのものが相続税の対象になります。が、マンションやアパートの用地を取得すれば、その価額が半分になるわけです。

そして、この特例には土地の値段に制限はありません。制限があるのは、２００㎡という広さだけです。

だから、都心の一等地に２００㎡のマンション用地を、10億円で買ったとします。そうすれば、相続税の評価額は、その半分の5億円になります。

相続税対象資産を5億円も圧縮できるのです。

そして、マンション、アパート経営にはもう一つうまみがあります。

それは、ローンを組んでアパートなどを購入すれば、その分、相続税の対象となる資産が減額される、ということです。

相続税は、資産から負債を差し引いた残額に対してかかってきます。だから、マンションやアパートの建物をローンを組んで購入すれば、ローン分が相続税対象資産から差し引かれるのです。

建物の相続税の上での資産価値というのは、ほとんどの場合、購入価額よりも低く設定されます。だから、建物の資産価値よりもローンの残高の方が大きくなることがほとんどです。その差額により、相続税対象資産が圧縮できるということです。

図表３　小規模宅地等の特例

	要　件	限度面積	減額される割合
貸付事業用の宅地等	特定同族会社事業用宅地等に該当する宅地等＊	400㎡	80%
	貸付事業用宅地等に該当する宅地等	200㎡	50%

＊一定の法人の事業の用に供されていたものに限る

しかも、建物の資産価値（相続税上の評価額）というのは、年月を経るごとに減っていきます。多くの場合、ローン残高よりも建物の資産価値の方が早く減っていくのです。その分だけ、相続税の対象の資産額が減っていくということです。

相続財産が半分以上圧縮できる

たとえば、先ほどの10億円の土地に、全額ローンを組んで３億円のマンションを建てたとします。

このマンションの建物の資産価値は、持ち主が死亡した時には１億５０００万円になっていました。そして、ローンの残高が２億５０００万円ありました。となると、この建物は、資産価値からローンを差し引くと１億円の赤字ということになります。つまり、このマンションを建てたおかげで、相続税資産を１億円減額できるのです。

先ほどの土地代の5億円の圧縮を含めると、6億円の相続資産の圧縮ができるのです。つまり10億円の相続資産が、半分以下の4億円に減ってしまったわけです。

マンション、アパート経営の落とし穴

ただし、この節税には落とし穴もあります。

マンション、アパート経営というのは、うまくいかなかった場合、資産はどんどん目減りしていくということです。

10億円の土地に3億円の建物を建てても、人が誰も住んでくれなかったりすれば、固定資産税だけでもバカになりません。

またマンション、アパート経営の良しあしにかかわらず、お金を不動産に換えた場合、「その価値を維持できるかどうか」というのは、常に不安が伴います。この不動産を売る場合、買った額に見合う額で売れるか、ということです。下手をすると何千万円、何億円も資産を目減りさせるかもしれないのです。

先ほどの例では、10億円で土地を買い、3億円のローンを組んで、マンションを建ててい

ますが、これを売る時に、果たして13億円以上のお金が戻ってくるか、ということです。

この例では、相続税で課税対象となる資産を６億円圧縮しています。が、相続税は最高税率でも55％なので、６億円の資産圧縮による節税額は、最大でも３億３０００万円です。

もし、13億円を投じて購入したマンションが10億円以上で売れなかった場合は、赤字になってしまいます。つまりは、節税できる相続税額よりも、多く資産を減らしてしまうということです。それでは、本末転倒というものです。

しかも、13億円を投じたマンションが、10億円以下になるということは、決して珍しいことではありません。

だから、節税できたはいいけれど、それ以前に資産自体を減らしてしまったということが起こりうるスキームでもあるのです。

第3章

なぜ上場企業の創業者は「財団」をつくるのか？

孫正義氏のつくった「東日本大震災復興支援財団」とは？

金持ちの資産管理アイテムとして「財団」というものもあります。

財団というと、「社会のためになる事業を行っている団体」というようなイメージがあるのではないでしょうか。もちろん、本来、財団とはそういう目的のためにあるものです。が、この財団を使えば、自分の資産を税金から守ることもできるのです。

そのカラクリは、追い追いお話ししていくとして、東日本大震災があった直後に、こういうことがあったのを覚えておられますか？

大震災の直後、ソフトバンクの孫正義氏が「100億円寄付する」と発表しました。が、その後、なかなか、100億円の寄付が実行された気配がなかったので、ネットなどで騒がれ始めたときに、孫氏は、100億円の寄付先を発表しました。

それによると、日本赤十字社（以下、赤十字）、福島県、岩手県などに10億円ずつ寄付していましたが、最大の寄付先は公益財団法人「東日本大震災復興支援財団」でした。

彼はこの「東日本大震災復興支援財団」に40億円もの寄付をしたのです。

財団というのは、ざっくり言うと寄付などの財産を使って何かの事業を行う、という組織です。

では、「東日本大震災復興支援財団」とはどういうものかといいますと、その目的や活動内容は、すっきりしない面が多々あります。震災から６年も経つのに４割の金が未消化であり、不要不急のスポーツ大会や芸能的な催しへの出資が目立ちます。

財団の理事や発起人などには、孫正義氏自身やソフトバンクの幹部らが名を連ねております。また孫氏に関係の深い政治関係者なども、入っております。

つまりは、40億円の財産を、孫氏自身、ソフトバンクの幹部、政治関係者などが自由に使えるという形になっているのです。

もし40億円を、自分の知人などにばら撒いた場合、かなり高額の贈与税がかかるはずです。が、財団をつくって、そこに40億円をぶち込み、報酬などの形で知人に支払えば、贈与税はかかってこないのです。

意地悪な見方をすれば、孫氏は「１００億円を寄付する」と言いながら、

「40億円は自分の好きなようにばら撒いた」

「しかも贈与税を回避している」

ということです。

もちろん、財団にぶち込んだ以外の60億円は、正真正銘、赤十字や各自治体に寄付されているのだから、それ自体は大変、偉大なことだと思われます。

が、どうせそういうことをするのならば、「100億円寄付する」などと言わずに、最初から「60億円を寄付する」と宣言し、その全額を赤十字や各自治体に寄付した方がよかったように思うのは、私だけでしょうか。

こんなに巨額の寄付をしているのに、もしもその一部に不透明な部分、ずる賢い部分があったら、全体が台無しになるように、思われます。

まあ、それは世間の印象であって、孫氏が、「巨額の寄付をする太っ腹な事業家」であり、自分の資産を賢く管理する人でもあるということでしょう。

それにしても、孫氏のつくった財団というものはなんなんでしょうね。

実は、ここに金持ちの資産管理の秘策が隠されているのです。

財団法人は誰でもつくれる

ということで、財団という資産管理ツールについて、ご説明しますね。

金持ちは、「財団」というものを使って、節税することも多々あります。

財団というのは、まとまった財産を元手にして、何かを行う法人のことです。つまりは、資産家などが、自分のお金を拠出して団体をつくり、何かの事業を行うのです。

そして、財団法人には２種類あります。

一つは、公益性のある事業を行う「公益財団法人」。

もう一つは、「一般財団法人」です。この「一般財団法人」というのは、剰余金の分配を目的としない財団のことです。その法人が行う事業には、必ずしも公益性は求められていません。

つまりは、公益性がなくても、財団法人をつくることができるのです。

財団法人というと、公共のためのものというイメージがありますが、それは「公益財団法人」のことであり、「一般財団法人」は、公益には関係ないのです。

以前は、財団というと、必ず公益性が求められていたのですが、２００８年12月１日に「一般社団法人及び一般財団法人に関する法律」が施行され、公益性がなくても「一般財団法人」が、つくれるようになりました。

「一般財団法人」は、マンション、アパート経営をしたり、いろいろな収益事業を行うなど、企業としての活動をしても構わないのです。ほとんど普通の法人（会社）のようですね。

「一般財団法人」が普通の法人と何が違うのか、というと、「配当の分配をしない」ということです。

普通の法人（企業）であれば、事業を行って、利益が出れば株主に配当を支払います。しかし、財団法人の場合は、配当はせずに、利益は法人の中に貯め置かれるのです。

一般財団法人と普通の法人の違いは、その点だけと言ってもいいでしょう。他にも若干の違いはありますが、もっとも特徴的な部分は、ここです。

以前は、財団というのは、官庁の許可がないとつくれませんでした。

しかし、現在は、一定の要件さえ満たせば、誰でもつくれるようになったのです。

一定の要件とは、だいたい次のようなものです。

- 300万円以上の財産を拠出すること
- 7名以上の設立メンバー

この二つの要件を満たしていれば、だいたい後は手続きさえクリアすればいいのです。そして、７名以上の設立メンバーというのは、全員が親族でも構いません。つまりは、３００万円以上のお金を拠出できれば、財団は事実上、誰でもつくれるのです。そして、どんな事業を行ってもいいのです。

財団法人をつくれば相続税から逃れられる

財団が、なぜ金持ちの節税アイテムになっているかというと、財団は、税金の面で非常に大きな特典を持っているからなのです。

資産家が財団をつくって、自分のお金を拠出するときには、税金がかかりません。

普通、自分の資産をだれかにあげたりすれば、贈与税がかかってしまいます。贈与せずに、死後に譲った場合は相続税がかかります。

しかし財団にあげることにすれば、贈与税も相続税もかからないのです。

つまり金持ちは財団をつくれば、税金を払わずに自分の財産を他の人に移転することができるのです。

金持ちは、財産を持ち続けていればいずれ税金で持っていかれてしまうので、財団をつくって財産を他に移すことはよくあるのです。

もちろん、ただ財団をつくるだけでは、社会に寄付をするのと同じことなので、まったく節税にはなりません。

そこにはもう一つのカラクリがあるのです。

実は財団というのは、内部の組織は、創設者の思いのままにつくることができます。しかも、外部からの指導はほとんどないのです。

つまり財団をつくった場合、事実上、つくった人の意のままになるのです。

多額の財産を財団にぶちこんでも、自分の意のままになるのだから、金持ちとしてはこんなにいいことはありません。名目上は、財団のお金ですが、実質的には自分のお金と同じなんですから。

官公庁も一応、指導することになっていますが、それも甘いものです。

だから財団のお金の使い道は、闇に包まれていることが多いのです。

財団の活動は、その構成員の協議で決められる、というタテマエがあります。でも財団の構成員は、創設者の息がかかった人しかいません。

第三者を入れなくてはならないという法律もなければ、財産の運用をチェックする外部機関もないのです。だから実質的に財団の活動は、財団をつくった人の思いのままになるのです。

図表4　財団を使った資産の分配スキーム

資産家

⇩ 自分の資産をつぎ込む

財団法人設立

⇩ 給料支払などで資産を無税で分配する

親族、知人などに資産を移す

また財団の役員や職員には、財団の資産から給料が払われます。だから身内を財団の役員、職員にしておけば、合法的に財産を身内に移転することができるのです。

たとえば、10億円の財産を拠出して、財団をつくったとします。その財団に自分の親族を5人、職員として雇用させます。それぞれに年間1000万円ずつ給料を払ったとします。つまりは、自分の資産を、財団の給料として、親族に移すことができるのです。10年で5億円、20年で10億円の資産を、自分の親族に移せます。

親族の給料には所得税が課税されますが、相続税に比べればかなり低くなります。

また給料として払わずに、物を与えれば、所得税さえ課せられません。財団の持ち物ということにして、役員や職員に家や車を買い与えるのです。

本来、それだけのものを給料としてもらえば多額の税金がかかります。でも、財団の持ち物ということにしておけば、まったく税金がかからずに、それを手にすることができるのです。

さらに強力な節税アイテム「公益財団法人」とは？

先ほど、財団法人には、「公益財団法人」と「一般財団法人」の2種類があるということをご紹介しました。

そして、「公益財団法人」というのは、「一般財団法人」よりも、さらに強力な節税アイテムなのです。

公益財団法人というのは、地域振興、人材育成、芸術発展、技術開発などの公益事業を行う団体のことです。簡単に言えば、特定の財産を社会のために役立てるように管理する団体のことです。

この公益財団法人は、相続税の節税になるばかりではなく、固定資産税の節税にもなります。というより、原則として、固定資産税の税金はかかりません。

たとえば、公益財団法人をつくって、博物館などを建てたとします。この博物館の土地、建物には、固定資産税は一切かからないのです。また公益財団法人関係の他の建物にも、固定資産税はかかりません。だから適当な名目をつくって、理事の家族が居住する建物をつくって、個人的に使用していたとしても、事実上、咎められることはないのです。

だから博物館という名目で大豪邸をつくって、そこで生活するというようなことも可能なのです。その「博物館」は、公益財団法人の持ち物であり、誰か個人の所有にはできないことになっています。公益財団法人は、解散するときも、資産を分配することはできないとなっています。が、財団法人の理事を世襲して、理事の親族が代々管理することにすれば、理事の親族が事実上、所有することができるのです。

また、収益事業を行わなければ、税務署が彼らの財務をチェックすることはほとんどないのです。となると、会計を厳しくチェックする人はだれもいないのです。

つまり、公益財団法人をつくって「公益事業」だけを行えば、固定資産税を払わずに不動産を取得できる上に、自分の資産を給料などで親族に分配できるのです。

図表5　公益財団法人と認められるための「公益目的23事業」

1. 学術及び科学技術の振興を目的とする事業
2. 文化及び芸術の振興を目的とする事業
3. 障害者若しくは生活困窮者又は事故、災害若しくは犯罪による被害者の支援を目的とする事業
4. 高齢者の福祉の増進を目的とする事業
5. 勤労意欲のある者に対する就労の支援を目的とする事業
6. 公衆衛生の向上を目的とする事業
7. 児童又は青少年の健全な育成を目的とする事業
8. 勤労者の福祉の向上を目的とする事業
9. 教育、スポーツ等を通じて国民の心身の健全な発達に寄与し、又は豊かな人間性を涵養することを目的とする事業
10. 犯罪の防止又は治安の維持を目的とする事業
11. 事故又は災害の防止を目的とする事業
12. 人種、性別その他の事由による不当な差別又は偏見の防止及び根絶を目的とする事業
13. 思想及び良心の自由、信教の自由又は表現の自由の尊重又は擁護を目的とする事業
14. 男女共同参画社会の形成その他のより良い社会の形成の推進を目的とする事業
15. 国際相互理解の促進及び開発途上にある海外の地域に対する経済協力を目的とする事業
16. 地球環境の保全又は自然環境の保護及び整備を目的とする事業
17. 国土の利用、整備又は保全を目的とする事業
18. 国政の健全な運営の確保に資することを目的とする事業
19. 地域社会の健全な発展を目的とする事業
20. 公正かつ自由な経済活動の機会の確保及び促進並びにその活性化による国民生活の安定向上を目的とする事業
21. 国民生活に不可欠な物資、エネルギー等の安定供給の確保を目的とする事業
22. 一般消費者の利益の擁護又は増進を目的とする事業
23. 前各号に掲げるもののほか、公益に関する事業として政令で定めるもの

なぜ上場企業の創業者は財団をつくるのか？

このように、恐ろしく節税効果の高い公益財団法人という存在ですが、ここで一つの疑問が湧いてこないでしょうか？

公益財団法人はそう簡単につくれるものなのか？

ということです。

もちろん、本来は公益財団法人をつくるには、一定の手続きが必要です。これだけの法的保護を受けられるのですから、そう簡単につくられていいわけはありません。

この公益財団法人は、一般財団法人のように、要件を満たして書類さえ出せば、誰でもつくれるというわけではありません。

ところが、金持ちにとっては、ワケもなくできてしまうのです。

公益財団法人には、「公益性を持った目的」が必要となりますが、これはどうにでもつくることができます。たとえば、上場企業の創業者が、その企業がいかに社会に役に立っているのかを展示する博物館をつくってもいいのです。またその事業内容は、いちいちチェックされません。

また金持ちのために公益財団をつくるプロフェッショナルもいるのです。

このように「公益財団」は、金持ちにとっては節税アイテムとしてしっかり定着している感すらあります。上場企業の創業者などが、公益財団をつくっているケースは腐るほどありますが、それはこういう事情によるものなのです。

開業医に相続税がかからない理由

財団法人と同様に「医療法人」というものも、大きな税制上の優遇措置を受けています。

医療法人というのは、まあ、平たく言えば病院を法人化したものです。

ところで日本の「金持ち」の中で、一番多い職業はなんだと思われますか?

正解は、開業医です。

あまりに普通過ぎて面白みがないかもしれませんが、事実なのです。

いささか古いデータになりますが、『富裕層の財布』(三浦展著・プレジデント社)という本で紹介されている2006年に行われた富裕層向け会員情報誌の読者3万世帯を対象にしたアンケート調査では、富裕層の男性でもっとも多い職業は、開業医で26・3％となっているのです。

つまり、金持ちの4分の1が開業医なのです。

会社経営者も31・5％でしたが、会社経営者となると昔ながらの自営のラーメン店の店主も、新進気鋭のIT企業の社長も含まれるので、同じ職業として扱うには乱暴すぎます。職業という括りで見るならば、医者が圧倒的に多いと言えるのです。

そして、医者の中でも、大病院に勤務する「勤務医」ではなく、自分で病院を持っている開業医がもっとも金持ちなのです。

開業医が、高額の収入を得ているということは、厚生労働省のデータでもわかります。2015年の医療経済実態調査では、医者の年収は次のようになっています。

開業医（医療法人の院長）	2930万円
国立病院の院長	1933万円
国立病院の勤務医	1425万円

開業医というのは、国立病院の院長よりもはるかに収入が多いのです。

そして、この開業医たちは、相続税をほとんど払うことがありません。

開業医というのは、病院や医療機器など莫大な資産を持っています。収入が多いのだから、資産も多くて当たり前です。駅前の病院などは、大変な資産価値を持つ場合も少なくありません。

これらの資産は、無税で自分の子供などに引き継がれるのです。

そのカラクリはこうです。

開業医は、自分の病院や医療施設を、「医療法人」という名義にします。

医療法人というのは、医療行為をするための団体というタテマエです。学校法人や、財団法人などと同じように、さまざまな特典を与えられています。

この医療法人をつくるのはそう難しいことではありません。

開業医が、適当に役員名簿などを作成して申請すれば、だいたい認められます。

個人経営の病院と、医療法人の病院がどう違うかというと、実際のところは全然変わりません。

医療法人の病院は、ただ医療法人の名義を持っているというだけです。

医療法人というのは、タテマエの上では「公のもの」という性質を持っています。しかし、実際には、その医療法人をつくった開業医が実質的に支配していますし、外部の人間が容易に立ち入ることはできません。

つまり、医療法人というのは、事実上、設立した医者自身が経営しているのです。にもかかわらず、医療法人は相続税がかからないのです。

というのも、医療法人が持っている病院や医療機器というのは、あくまで医療法人の所有というタテマエがあります。実質的には、創業者である医者の所有物なのですが、名目的には医療法人の持ち物なのです。

だから、実質上の経営者の医者が死んで、息子が跡をついだとしても、それは単に医療法人の中の役員が交代しただけというタテマエになるのです。名目上は、息子は父親の資産を何一つ受け取っていない、ということです。実質的には、息子は父親の財産をすべて譲り受けているにもかかわらず、です。

ろくに勉強もしていないのに5浪、６浪をして医学部をめざしている、そんな開業医の「バカ息子」の噂を時々聞いたことがあるでしょう？

これは、６浪したって医者になれば、十二分に元が取れるからなのです。

また医療法人というのは、固定資産税もかかりません。

街の真ん中にどでかい建築物を建てても、それが「医療法人」の「病院」ということにな っていれば、固定資産税は免除になるのです。理事長が、病院の中に豪勢な居室をつくって いたとしても、それは不問になることがほとんどなのです。

もし、普通の企業が、街の真ん中に大きな自社ビルを建てれば、毎年、莫大な固定資産税 がかかります。しかし、医療法人であれば、それはかからないということなのです。

投資家の必須アイテム「投資事業組合」とは?

「財団」や「医療法人」などと同様に金持ちの資産管理スキームとなっている制度に「投資事業組合」(以下、投資組合)というものもあります。

これは、自分の資産を投資する人のための制度です。

実は投資組合というのは、民法上で言うところの「組合」です。互助組合とか協同組合と、基本的には同じなのです。

投資家からお金を集めて、それを運用する「組合」という意味です。

つまり、投資家同士がお金を出し合って組合をつくり、その組合が投資活動を行うということなのです。

村上ファンドやライブドアが世間を騒がせたときに、この「投資組合」という言葉がよく出てきましたので、聞き覚えのある方もいると思います。

なぜ、村上ファンドやライブドアが投資組合をつくっていたのかというと、投資組合は非常に税金が安いのです。というより、投資組合自体にはまったく税金がかからないのです。

なぜなら投資組合は、会社ではなく「組合」だからです。

民法上の組合は、いくら収益をあげても税金はかかってこないのです。収益は組合員に還元されて、税金は組合員が払うというタテマエなので、投資組合自体は税金を払わなくていいのです。

そうなると、どういうことが起きるかというと、投資組合は投資で儲かればそのお金をそのまま再投資に使うことができるのです。

これが投資会社ならば、そうはいきません。

企業が投資を行ったり他企業に買収を仕掛けて利益を得たりした場合、その利益には多額の法人税がかかります。だから再投資をしようとするなら、税金と利益を差し引いた残りの資金でするしかないのです。

だから投資会社をつくるより、投資組合をつくった方が絶対に有利なのです。

村上ファンドやライブドアは企業買収で、数千億、数百億の利益をあげました。普通の企業だったらその半分近くは税金で持っていかれます。その会社を使って利益をあげた投資家にも税金がかかります。

でも投資組合には、税金がかかりませんので、儲けた金をそのまま、次の企業買収などに使うことができました。彼らが急成長できたのはそのためです。

なぜ、このような投資家を優遇するような制度がつくられたのか、というと、ちょっと込み入った事情があります。

実は投資組合というのは、もともと中小企業など資金調達が難しい企業が、資金を調達しやすくするために設けられた制度なのです。

上場していない会社、中小企業というのは、資金を調達する場所が非常に限られています。

その不便を解消するために、1998年に投資事業有限責任組合法という法律がつくられ、一般の人も「投資組合」を使えば、簡単に中小企業に投資できるようになったのです。

ところが、2004年4月に投資事業有限責任組合法は改正されました。小泉純一郎内閣が行った株式市場至上主義に基づく経済政策です。

この改正で、中小企業だけではなく、上場された大企業にも投資できるようになったのです。

中小企業の資金確保という当初の目的は全く崩れ、マネーゲームを後押しするシステムになったのです。

この改正で、村上ファンドやライブドアなどが、台頭してくることになったのです。

この小泉内閣の動きは、アメリカのマネーゲームを真似したものです。

アメリカは、１９８０年代からマネーゲームを加速させＩＴバブルを起こし、ＩＴバブルがはじけた後は、住宅バブルを起こして、一時的に経済を活性化させてきました。つまりわざとバブルを起こすことによって、経済を支えてきたのです。

日本もそれにならって、人為的にバブルを起こして、経済を活性化させようとしたわけです。

そして日本も小泉内閣の時代に一時的に株価が上がり、経済も活性化しました。また安倍政権にしても、株価の上昇をまず第一の経済政策に掲げ、実際に、株価は大きく上昇しました。

が、小泉政権時の形式的な好景気も、アベノミクスも、株価だけは押し上げましたが、市民の暮らしが一向によくなってないのは、なぜでしょうね？

第4章

秘かに出回る租税回避商品とは？

税金が安くなる金融商品「タックスシェルター」とは？

〝タックスシェルター〟という言葉をご存じでしょうか？

タックスヘイブンという言葉は最近有名になりつつありますが、タックスシェルターというのは、聞いたことが無い方も多いでしょう。

直訳すれば「税の避難場所」とでもなりましょうか。

このタックスシェルターというのは、金融商品のことです。その金融商品を買えば、税金が安くなるという「租税回避商品」なのです。

もちろん、税務当局は、「租税回避商品」を目の敵にしています。そう簡単に税金を回避されては、税の徴収ができなくなるからです。

が、租税回避商品というのは、巧みに税法の抜け穴を衝いてきます。税務当局も、歯嚙みしつつも容認せざるを得ないのが、租税回避商品なのです。

なぜ金融商品を買えば、税金が安くなるのか？

一般の人にとっては、わけがわからない話でしょう。

世の中には、いろいろな悪知恵を持つ人がいて、こういうものも考えだされているわけです。

「租税回避商品」というのは、だいたい「保険商品」が多いです。

保険会社が、富裕層を相手に税金が安くなる商品を開発するのです。保険会社というのは、昔から、「租税回避商品」の開発を行ってきています。つまりは、法の抜け穴を衝いた〝危ない節税〟の手助けをして、金儲けをしてきたのです。保険会社には、そういう裏の顔があるのです。

その種類はいくつもありますが、たとえば、こういうカラクリです。

ある金融商品を買うと、その金融商品の資産価値は急に減ります。

しかし、一定期間を置くと、資産価値が元に戻るようになっています。

たとえば、１０００万円で購入した金融商品が２年後～14年後までは２００万円程度の価値になってしまいます。しかし、15年後には、元の１０００万円の価値に戻るのです。

これを相続財産として持っておくのです。

自分が死亡したときには、資産価値が減っておくようにしておきます。そして、死亡してしばらくたってから、資産価値が戻るのです。そうすれば、相続税の支払い時だけ、資産が少ないことになり、必然的に相続税の額は減るのです。

またこういう商品もあります。

その金融商品を買うと会社や事業の経費に計上することができます。でも、それは経費として消えていくものではなく、実は会社の資産として蓄財されて残っていくものになっているのです。

たとえば、過去にこういう租税回避商品がありました。

それは「生命保険」の体裁をとっています。その生命保険には、普通とはちょっと違った特徴があるのです。

会社が社長に生命保険を掛けた場合、原則として会社の経費に計上することができます。

そして生命保険には、死亡したり入院したりしたときに受け取る「保険部分」と、満期になったり解約したりしたときに受け取る「貯蓄部分」があります。

会社が生命保険をかけた場合、「保険部分」は会社の経費とできますが、「貯蓄部分」は経費ではなく、会社の資産に計上しなくてはなりません。

が、この「租税回避商品」は、契約の中で「保険部分」と「貯蓄部分」をあいまいにしてあったのです。そうすれば、どれだけ会社の経費になるかもあいまいになります。その生命保険に入れば、保険料を会社の経費で落としながら貯蓄ができる、つまり税金を払わないで資産を増やす、ことができるのです。

たとえば、会社の利益が１０００万円出ていた場合、この生命保険に１０００万円の掛金を払います。

そうすれば、１０００万円が全部、会社の経費にできますので、会社の利益は相殺され、ゼロになります。つまり、税金（法人税、法人事業税など）はかからないですむのです。

そして５年後には、その１０００万円を保険会社から、解約返戻金などの名目で返してもらえるようになっているのです。

もちろんこんなことが横行したら、税務当局とすればたまったものではありません。会社が利益を出すたびに、こういう生命保険で経費を計上されて、税金が取れなくなってしまうわけですから。

だから税務当局は、この租税回避商品を使えなくなるような法律をつくりました。この保険商品は、節税スキームとしては使えなくなりました。

しかし、また新しい租税回避商品がつくり出されています。

そういうたちごっこが続いているのです。

生命保険で相続税を安くする方法

タックスシェルター（租税回避商品）の中で、もっとも代表的なものは、相続税を安くするための生命保険です。

つまりは、その生命保険に加入すれば、相続税が安くなるということなのです。

これだけ言われても、一般の方には「？？」という感じですよね。

そのカラクリを順に説明しますね。

相続税というのは、一定の資産を持つ人が死亡したときに、遺族にかかってくる税金です。で、その相続税の額というのは、その資産家が死亡した時点の財産評価額が基準になります。

生命保険の場合、資産家本人が保険の対象となっていれば、保険金の額が相続税の対象になります。

が、資産家本人が対象ではなく、他の誰かを対象にして保険に加入し、受取人が資産家となっていた場合は、どうでしょう？

そういう保険の場合、資産家が死亡した時点での「解約返戻金」が相続税の対象となるのです。

たとえば、資産家が子供を対象にして生命保険に入っていたとします。受取人は資産家となっています。この場合は、資産家が死亡した時点での「解約返戻金」が、相続税の対象となるのです。

そして、生命保険の中には、満期になれば多額の返戻金が出るのに、満期になるまでの一定期間には、ほとんど解約返戻金がない商品があります。

たとえば、「15年満期で５０００万円の返戻金がもらえるのに、１年目から14年目までに解約すれば返戻金はほとんどゼロに近い」というような商品です。

資産家が、こういう生命保険に入っていて、掛け金は前納していたとします。

となると、１年目から14年目までにこの資産家が死亡すれば、解約返戻金はゼロに近いので、生命保険の掛け金は相続税の対象とはほとんどならないのです。

つまり、うまくいけば５０００万円の生命保険が、相続財産としてはゼロになるのです。

ただし、生命保険を最初に前納した場合、加入期間が来ていない分の掛け金は、前払い財産としてカウントされます。だから、相続税の対象とはならないのは、加入期間が来た分の保険料だけです。

ちょっとややこしいですね。

具体的に説明しましょう。

ある資産家が子供を対象に15年満期で5000万円の生命保険に入ったとします。そして掛け金は、すべて加入時に一括して前納しました。

6年目にこの資産家が死亡してしまいました。

となると保険の加入期間は6年だけとなります。15年間のうちの40％です。だから、5000万円の掛け金のうちの40％、つまり2000万円は、保険の掛け金としてカウントされます。

しかし、残りの3000万円は、保険の掛け金ではなく、ただの前納金という扱いになります。まだ保険期間が来ていないからです。

前納金というのは、いわば預け金のようなものであり、保険会社に預けているお金ということになります。

この保険は、解約返戻金はほとんどありませんので、保険の掛け金となる2000万円は相続財産としてカウントされません。

が、前納した残りの3000万円は、保険の掛け金ではなく、単に保険会社に預けているお金ということになり、相続税の対象となってしまうのです。

つまり、この保険に入っても早い時期に死んでしまうと、あまり相続税の節税にはならない、ということです。

が、この例の場合、15年目の満期が来る直前に死亡すれば、5000万円がまるまる生命保険の掛け金として扱われ、解約返戻金がほとんどないので、相続財産としてはゼロに近い評価がされます。つまり、5000万円分の相続税対象財産を消すことができるのです。

この租税回避商品の欠点は、節税になる期間が非常に短いことです。

加入してすぐのときには、保険の未経過期間が長く、前納した掛け金は、「保険の掛け金」ではなく単なる「前払い金」とみなされるので、資産を小さくすることはあまりできません。また満期が来る直前には、90％以上の資産を目減りさせる高パフォーマンスを持っていますが、満期が来れば返戻金は満額になってしまいますので、フリダシに戻ることになります。

つまりは、満期が来る前の5年間くらいで死亡すれば、かなりの効率的な相続税対策になりますが、それ以外の10年間で死亡したり、もしくは保険期間の15年以内に死亡しなかったりすれば、相続税対策としての効果はあまりありません。

また前納した後、急にお金に困っても、満期が来るまでは解約返戻金はゼロに近いので、途中で引き出すというようなことはできません。そういうデメリットもあります。

生命保険で〝贈与税〟を安くする方法

前節の生命保険では、満期が来る前の5年くらいの間に、被相続人（資産家）が死亡しないと、相続税の節税効果はあまりない、ということを述べました。

が、この欠点を補完する裏ワザがあります。

それは、被相続人が死亡する前に、生命保険を「贈与」することです。

生前贈与ということです。

つまりは、生命保険の受取人を、被相続人（資産家）から相続人（資産家の親族等）に変更するのです。

生命保険の譲渡をする際にも、当然、贈与税がかかります。生命保険の場合、贈与した時点での「解約返戻金」が、贈与税の対象額となります。

前述しましたように、この生命保険（租税回避商品）は、加入して満期が来るまでの間は、解約返戻金が非常に低くなります。だから、解約返戻金が非常に低い時期に贈与すれば、贈与税はほとんどかからなくなります。

たとえば、先ほどの15年満期で掛け金５０００万円の生命保険を例にとります。ある資産家が、この生命保険に前払いで加入したとします。

この生命保険は、加入してから14年目くらいまでは、解約返戻金がゼロに近くなります。この生命保険を加入14年目に、息子に贈与したとします。

すると、この生命保険の贈与税の対象額はほとんどありませんので、贈与税はほとんどかかりません。が、翌年、満期になると、５０００万円の返戻金がもらえるのです。

つまり、５０００万円をほとんど無税で贈与することができるのです。

なぜ、14年目に贈与するのかというと、前節でも述べたように、保険期間が未経過の前払い保険料は、資産としての扱いになるからです。５０００万円の掛け金は前納していますが、この５０００万円は、あくまで保険期間15年間の保険料ということです。前納して保険期間が来ていない分については、保険の掛け金ではなく、単なる預け金という扱いになりますから、相続財産としてカウントされることになります。

だから、2〜3年目など早い段階で贈与してしまうと、保険期間未経過の前払い保険料が大きな額となり、それに贈与税が課せられてしまうのです。が、満期直前であれば、保険期間未経過の前払い保険料もほとんどありません。

このような生命保険を使って、生前に自分の資産を家族に贈与しておけば、相続税などほとんど払わなくて済むのです。

なぜ、税務当局が、このような税の抜け穴を放置しているのかは、筆者にはわかりません。まだそれほど大っぴらに行われていないので、気付いていないのかもしれません。もし税務当局が、これに気付けば、対応策を講じるものと思われます。

もしかしたら現段階でも、この生命保険は「租税回避の目的が明白である」ということで、否認されるかもしれません。裁判で争われたことがないので、まだ白黒がはっきりついていないということです。

養老保険を使った「逆ハーフタックス」節税法とは？

租税回避商品は、相続税対策のものばかりではありません。

この章のはじめに紹介したように、法人税を安くするための租税回避商品もあります。最近、もっとも出回っているのは、養老保険を使った「逆ハーフタックス」という節税商品です。

「逆ハーフタックス」とは一体どういうものなのでしょうか？

その前に、まず養老保険について説明したいと思います。

養老保険というのは、被保険者が一定期間内に死亡したときには死亡保険金がもらえ、それ以上生きた場合には養老保険金がもらえる、というものです。死んでも、死ななくても保険金がもらえるのです。

まあ、貯蓄に近いものがあります。

会社が、役員などにこの養老保険をかけた場合、受取人が誰になるかによって、経理処理が違ってきます。

経理処理は以下のようになります。

①死亡保険金、生存保険金ともに受取人が会社　⇩　全額資産に計上
②死亡保険金、生存保険金ともに受取人が被保険者もしくはその遺族

⇩ 全額損金に計上（ただし被保険者の給与として扱う）

③死亡保険金の受け取りが被保険者の遺族で、生存保険金の受け取りが会社

⇩ 2分の1を資産に計上し、残額は期間の経過に応じて損金に計上

この経理処理のうち、③に着目してください。死亡保険金については資産ではなく損金として計上していいというわけなのです。

この部分を拡大解釈し、死亡保険と生存保険の受取人を、逆にするのです。

つまり、死亡保険金を会社が、生存保険金を被保険者もしくは遺族が受取人とするのです。

そうすれば、死亡保険料部分については普通の損金として計上できる、生存保険金についても、被保険者の給与とすることで、これまた会社の損金に計上できる、と解釈しているわけです。こうすることで、養老保険の全額を会社の経費とできるのではないかとしているわけです。

この解釈によって、養老保険を企業に売りつけている保険会社も多く、また必然的にそれを買っている企業も多いのです。

この「逆ハーフタックス」という商品、形式的にはそれほど節税にはなりません。

保険料の半分は、被保険者の給料として扱われます。同族会社にとって、節税というのは法人だけじゃなく、代表者個人も含めてのものなので、代表者の給料が加算されるような節税策は、あまり意味がないはずです。

が、この逆ハーフタックスのうまみはそういうところではないのです。

逆ハーフタックスは、解約返戻金が非常に高いのです。

わずか数年で90％以上の返戻金が戻ってくるのです。

つまりは、会社が儲けすぎて一時的に節税をしたいときに、この「逆ハーフタックス」をつかって所得を減らし、数年後にうまく利益調整をしたところで、返戻金として所得を戻してもらう、ということができるのです。

これまでも、がん保険などの〝節税商品〟で同じパターンがありました。これらの〝節税商品〟というのは、これまで何度も出てきては、税務当局の目に留まって規制されてきました。

今回の「逆ハーフタックス」は、そもそも、この経理処理が正しいのかさえ、まだ結論が出ておらず、保険会社や企業側が勝手な解釈をしている状態でもあります。だから、税務署から否認される恐れもあり、節税策としては非常に危険なものだと言えます。

レバレッジドリースで税を回避する

今は、もう税務当局によって使えなくなってしまいましたが、かつてはこういう租税回避商品もありました。

レバレッジドリースというものです。

レバリッジドリースというのは、「債券」の一種なんですが、これを買うと税金が安くなるという不思議な債券なのです。

どういう債券かというと、たとえば船舶や航空機を債券化したものがあります。

これがなぜ節税になるかというと、次のようなカラクリになっているのです。

投資で集めた金を保証金として、その何倍もの金を金融機関から借りて船舶や航空機を買います。船舶や航空機などの大型物件のリース事業は、開始当初はリース収入よりも、減価償却費の方が上回り、赤字になることが多いのです。

減価償却費は、初めにたくさん計上できることになっているので、事業開始から数年間は、帳簿上は赤字になることが多いのです。

この赤字を他の所得から差し引くことで、税金が安くなる、というわけです。20トン以上の船舶または、航空機の貸付は不動産所得になります。また不動産所得の赤字は他の所得、例えば給与所得と通算できるのです。

つまりレバレッジドリースの債券を購入した人は、自分がリース事業を行っているというタテマエになっているのです。だから事業で赤字が出れば、その分を他の所得から差し引くことができるのです。

でも赤字が出ていると言っても、実際に損をしているわけではありません。債券として、きちんと利息がつくようになっており、その面から言えば普通の金融商品と何ら変わりはないのです。

またドイツ系の証券会社が開発したもので、海外の不動産リース事業を証券化したものもありました。

投資家から証券で資金を集めて、海外のアパートのリース事業を行い、収益が出ればそれを投資家に還元するのです。

この商品のどこが租税回避になるかというと、この商品を買えば他の事業の税金を減らすことができるのです。

アパートのリース事業も、船舶や航空機と同様、開始当初は赤字になることが多いのです。アパートのリース事業では、建物の額を減価償却することができます。アパートの購入費を何年かに分けて、経費として収益から差し引くことができるのです。この減価償却費は、初期の頃には額が大きくなります。そのため不動産リース事業の最初の数年間は赤字になることが多いのです。

不動産業が赤字になった場合、その赤字を他の所得から差し引くことができます。たとえばサラリーマンが不動産業を営んでいて赤字になった場合、その赤字はサラリーマンの給料から差し引くことができ、源泉徴収された税金が戻ってきます。

この仕組みを利用して、不動産リース事業の証券を購入して赤字を出し、その赤字を他の所得（給与所得、事業所得など）から差し引いて税金を安くするのです。

この件で国税当局は「この証券を買った人は不動産リース事業を営んでいるとは言えず、単に金融商品を買ったに過ぎない」として、赤字を認めず追徴課税を行いました。購入者の大半は、国税の処分に不服を申し立てました。

日本の国税当局は、当初、これらの節税方法を否認し追徴税を課しました。

レバレッジドリースは、表向きはリース事業だけれども、実際は金融商品と変わらない、だから事業とは認められず、必然的に赤字を差し引くことも不可というわけです。

しかし、レバレッジドリース債券を購入した人が、国税を相手取って行政裁判を起こすと、国税敗訴の判決が相次いで出たのです。

だからレバレッジドリースは、富裕層にとって俄然、新しい節税アイテムとして注目されました。

しかし、もちろん、税務当局も指をくわえて見ていたわけではありません。2005年から2007年にかけて、新しい法律をつくり、この租税回避商品を使えなくしてしまいました。

無記名割引債という脱税商品

これまで「租税回避商品」を紹介してきましたが、金融商品の中には「脱税商品」もあります。

「租税回避商品」というのは、税法の抜け穴を衝いたものであり、一応、「合法」というタテマエを取っています。そして、資産を税務当局にも、きちんと公表することを前提にしています。

が、「脱税商品」というのは、税法の抜け穴を衝くのではなく、税務当局の目を盗むためのものです。つまりは、非合法の脱税を支援するための商品なのです。

もちろん、その商品もタテマエの上では、「脱税を目的とする」などとは謳っていません。が、その商品の性質上、税務当局に見つかりにくくなっており、結果的に脱税に使われやすくなっているのです。

その代表的なものが、「無記名割引債」というものです。

無記名割引債というのは、利子がつかない代わりに利子分を差し引いた金額で販売される債券のことです。この無記名割引債の最大の特徴は、無記名で購入できる、という点です。自分の名前を明かさずに購入できるので、隠し資産とされやすいのです。

なので、この無記名割引債を大量に購入していて隠し財産とし、相続税を逃れるという脱税が結構行われてきました。

もちろん、税務当局も、それは十分承知しています。だから、無記名割引債の脱税については、目を光らせてきました。

たとえば、昨今でも「夫の死後、部屋の隙間から3億円　妻に『遺産隠し』指摘」という見出しで、以下のようなニュースが報じられました。

〈3年前に急死した東京・神田神保町の古書店創業者の80代の妻が、東京国税局の税務調査を受け、相続した約3億円の財産について遺産隠しを指摘された。創業者は生前、仏壇など見つかりにくい場所に割引債や現金を置いていたが、妻はそれを知らなかったという。夫の死後、偶然見つけたが申告していなかった。

追徴税額は重加算税を含め1億数千万円。妻は納付を済ませたが、「隠すつもりはなかった。夫がひとこと言っておいてくれれば」と話している。

（中略）

代理人弁護士らによると、妻は夫の死後、預貯金などの相続財産を整理して申告。ところがある日、自宅で仏壇と天井の隙間の拭き掃除をしていて、計約1億8000万円の無記名の割引債を見つけたという。夫と付き合いのあった証券会社に相談し、発行元の金融機関で現金化した後、大半は証券会社に預けた。「夫を亡くして頭が真っ白で……」。申告することまで気が回らなかったという。

しばらくして、東京国税局の調査官が自宅にやってきた。割引債のことを知っている様子で「他にも現金化したものがあるのでは」と聞かれた。妻は親族と一緒に家中を探し回り、クローゼットと壁の隙間から紙袋に入った約1億2000万円の現金を発見。割引債と合わせ計約3億円が重加算税の対象となったという。

親族らは取材に「(創業者は)たたき上げで、何でも1人でやってしまうタイプ。割引債や現金のことも家族に伝えていなかった」と話した〉

(「朝日新聞デジタル」2015年8月7日20時1分配信)

このニュースを見て、疑問に思われた方も多いのではないでしょうか?

無記名の割引債なのに、なぜ税務署はわかったのか、ということです。

無記名の割引債が、税務署に知られるルートは大まかに言って二つあります。一つは、購入時です。購入する時、大きなお金が動きます。少額ならばともかく、資産隠しを行うような場合の割引債の購入では、かなり大きなお金を用意することになります。その場合、どこかの預金からお金を引き出すことになるはずです。自宅に保管していた現金で、購入するようなことはほとんどないでしょう。

預金の記録というのは、税務署は、原則として、誰のものでも見ることができます。資産家が亡くなったような場合、その資産家が生前、資産隠しをしていないかどうかをチェックするため、過去に遡って、その人の預金の出し入れをチェックします。

そして、大きなお金が引き出されているのに、そのお金がどこに行ったのかわからない（何も購入した形跡がない）ような場合、資産を隠したのではないか、という疑いがもたれます。で、割引債でも購入したのではないか、という可能性も当然、税務署は考えるわけです。

そして、無記名割引債発覚のもう一つのルートは、償還金を受け取る際に生じます。無記名割引債を現金化するためには、償還金の受け取りを行わなければなりません。その際に、金融機関は、誰にどれだけの償還金を払ったのか、また証券番号なども記録して、税務署に提出しなければなりません。

その記録を見れば、遺族が割引債を隠していたということがわかるのです。そして、証券番号などから、他に同時期に購入された割引債がないかどうかなどもすぐにわかります。

そして、こういう隠し資産が一つでも見つかった場合、税務署はその遺族に対して徹底的な税務調査を行います。

そのため、先に挙げた課税漏れのニュースのように、隠していた現金などまでが発覚してしまうのです。

また現在は、無記名の金融債券は、購入時に身元の確認などが行われるようになったので、事実上、脱税商品としての価値はなくなりました。

第5章

プライベート・カンパニー
とは何か？

プライベート・カンパニーとは？

プライベート・カンパニーという言葉を聞いたことがないでしょうか？

プライベート・カンパニーというのは、個人の資産を管理するためにつくった会社です。

会社というと、何か大げさな感じがしますが、要は自分の持っている不動産などを「会社名義にする」ということです。

一般の方にとっては、「会社名義にする」とはどういうことか、それでどういう得になるのか、たぶんピンときませんよね？

これは、慣れない人にとっては、非常にややこしい話なので、なるべく簡単に一から説明していきましょう。

プライベート・カンパニーといっても、要は「会社」のことです。

会社というのは、要件さえ満たしていれば、誰でもつくることができます。要件というのは、「法人登記する」ということだけです。法人登記も、資本金と登記料、役員名簿などを準備すれば、すぐにできます。資本金も、今ではほとんどゼロでもいいことになっていますので、事実上、登記にかかるお金（登記費用、司法書士への報酬など）だけを用意すれば、会社はつくれるのです。

そして、どんな小さな会社であっても、法人登記さえしていれば、法律上は「会社」ということになります。従業員が何万人もいる大企業であっても、個人でつくったプライベートな会社であっても、同じように、法律的には「会社」という枠組みの中に入るのです。

実は、個人事業者と会社の違いは何かというと、法人登記しているかどうかだけなのです。同じような事業を営んでいても法人登記をしていれば、会社ということになり、法人登記をしていなければ個人事業者ということになります。従業員が一人しかいない小さな事業所であっても、法人登記をしていれば、「会社」ということになりますし、従業員を何百人も抱えている事業所であっても、法人登記をしていなければ個人事業者ということなのです。

そして法人登記をしているかいないか、ということだけで、法律上の取り扱いは大きく変わります。

たとえば、税法では法人登記をしていれば「法人税法」の対象となり、法人登記をしていなければ「所得税法」の対象となるのです。法人税と所得税では、税金の計算の仕方がまったく違います。会計のやり方から違ってくるのです。

同じような事業をしていても、法人登記をしているかどうかだけで、払う税金の種類が違ってきますし、税額もまったく違ってくるのです。ちなみに、どちらが税金が高いかは、一概には言えません。

なぜ金持ちはプライベート・カンパニーをつくるのか？

で、次に、なぜ金持ちがプライベート・カンパニーをつくるのか？　ということについてお話ししますね。

プライベート・カンパニーでよくあるのは、不動産管理会社です。

なので、不動産管理会社を例にとりますね。

たとえば、アパートを持っているAという人がいるとします。そのAが、そのアパートを管理するための会社をつくったとします。

すると、どうなるか？

妻や親類、子供などをその会社の社員にすると、会社から給料を払うことができます。

会社をつくらなければ、アパートからの収入は全部、Aの個人収入となります。もし、アパートで１０００万円の収入があれば、それが全部、Ａの収入となって、所得税がかかってくるのです。

が、会社をつくって、１０００万円の収入の中から、妻、子供に５００万円ずつ給料を払ったとします。

となると、収入は差し引きゼロになり、この会社に税金はかからないで済むことになります。妻と子供には、それぞれ所得税が発生しますが、Ａが一人で１０００万円をもらうよりは、かなり安い額で済みます。

金持ちがプライベート・カンパニーをつくるのは、ざっくり言うと、こういう理由なのです。

不動産を持っている人だけじゃなく、他のさまざまな分野でプライベート・カンパニーはあります。

たとえば、芸能人などもそうです。

芸能人は売れてくると、自分で会社をつくることが時々あります。その会社は何か新しい事業を起こそうというわけじゃなく、自分のギャラの管理をするためだけの会社です。芸能人は、普通は芸能事務所からギャラが支払われますが、そのギャラを一旦、会社が受け取り、芸能人自身はその会社の一社員として給料を受け取るという仕組みにするのです。そして、会社の役員や社長などに、自分の親族を据えておきます。そうすれば自分のギャラを、親族などに分散することができるのです。

もちろん、大きな節税になります。

またプライベート・カンパニーは所得税だけじゃなく、相続税なども安くなります。自分の資産を、会社名義に移しておき、会社を子供などに承継させれば、相続税が非常に安く済むのです（詳細は後述）。

プライベート・カンパニーのカラクリ

プライベート・カンパニーをつくったら、どのように税金が安くなるのか、具体的に説明していきますね。

会社をつくることの税法上の恩恵というのは、何と言ってもさまざまな経費を計上できるということにあります。

先ほどは、身内に給料を払って収入を分散するということをご紹介しましたが、会社をつくればそれ以外にも「経費」を使う機会が多々あります。

会社の業務というのはさまざまな経費を計上できます。

一般の人が思っている以上に、会社の経費の範囲は広いのです。

たとえば、会社の社宅という形にして、家やマンションを購入することもできます。家の名義は会社になっていますが、その会社を所有しているのは自分なので、結局、自分が家を持つのと同じなのです。

社用車として車を購入することもできます。その車が会社の名義であり、少しでも会社の業務で使っているならば、社用車とできるのです。

また交際費を経費で落とすこともできます。

事業に関係する接待交際費ならば、原則、会社の経費に計上できます。これもけっこう範囲が広いのです。

仕事上の友人など、少しでも仕事に関係していれば、接待交際費にできるのです。というより税務署は、接待交際費の相手まで細かく調べることはないので、事実上、経営者にとって接待交際費は使い放題なのです。

ただし交際費はすべてが経費として計上できるわけではありません。

まず資本金が1億円を超える大企業には交際費は認められていません（つまり接待交際費というのは中小企業だけの特権なのです）。

経営者も税制上の恩恵がある

プライベート・カンパニーをつくれば、事業の収益を家族などに分散できると前述しました。

しかも自分が得る収益についても、税制上の恩恵を得ることができるのです。

会社経営者というのは、自分の資金で会社をつくった場合でも（つまりオーナー社長の場合でも）、税法上の定義ではサラリーマンということになります。

社長というのは、会社から報酬をもらう「雇われ人」という形になります。そしてその報酬は、サラリーマンの給料と同じ扱いになります。だから繰り返しますが、社長はサラリーマンということなのです。

そしてサラリーマンというのは、実は自営業者などにはない税法上の恩恵があるのです。

「給与所得控除」というものです。

給与所得控除というのは、給料に対して全額が税金の対象になるのではなく、一定の金額を割り引いた残額に税金をかける、という制度です。

給与所得控除の金額は、次頁の表の算式によって求められます。

たとえば、年間の給料の額が600万円の場合、控除額は収入の20％プラス54万円なので、174万円となります。この174万円が給料の額から差し引かれるので、600万円マイナス174万円で、426万円が税金のかかる収入ということになるのです。

つまり、サラリーマンは600万円の給料をもらっていても、税金の対象となるのは426万円で済む、ということです。

なぜこのような制度があるのか、というと、サラリーマンは他の事業者のように必要経費が認められていません。

普通、税金というのは、収入から必要経費を差し引いた残額に課せられるものです。

しかし、サラリーマンは、必要経費が認められていないので、収入にそのまま税金が課せられてしまいます。それでは不公平なので、サラリーマンも一定額を必要経費として認めましょう、ということになっているのです。

それが給与所得控除です。

図表6　給与所得控除

●平成28年分

給与等の収入金額（給与所得の源泉徴収票の支払金額）	給与所得控除額
180万円以下	収入金額＊ × 40%

＊65万円に満たない場合には65万円

180万超～360万円	収入金額 × 30% ＋ 18万円
360万超～660万円	収入金額 × 20% ＋ 54万円
660万超～1000万円	収入金額 × 10% ＋ 120万円
1000万超～1200万円	収入金額 × 5％ ＋ 170万円
1200万円超～	230万円（上限）

●平成29年分

給与等の収入金額（給与所得の源泉徴収票の支払金額）	給与所得控除額
180万円以下	収入金額＊ × 40%

＊65万円に満たない場合には65万円

180万超～360万円	収入金額 × 30% ＋ 18万円
360万超～660万円	収入金額 × 20% ＋ 54万円
660万超～1000万円	収入金額 × 10% ＋ 120万円
1000万円超～	220万円（上限）

サラリーマンであれば、だれでも、必要経費が多い者も少ない者も、図表6の算式に応じて、控除が受けられるのです。

そして、会社経営者の場合は、タテマエの上では会社から報酬をもらって仕事をしているサラリーマンですから、当然、この「給与所得控除」というものが受けられるのです。つまり、会社経営者も他のサラリーマンと同じように、給料の全額に税金が課せられるのではなく、一定の金額を差し引いた残額に税金が課せられるのです。

だから会社経営者の場合、自営業者と同じように会社でさまざまな経費を計上できる上に、サラリーマンの特典である「給与所得控除」も受けることができるのです。

つまり、自営業者の税法上の恩恵と、サラリーマンの税法上の恩恵、両方を受けられるというのが、会社経営者なのです。

金持ちがプライベート・カンパニーをつくるわけなのです。

クルーザーも所有できる

またプライベート・カンパニーには、さらなる恩恵があります。

福利厚生費です。

福利厚生費というのは、会社の従業員（役員も含む）の福利厚生のために使われるお金のことです。

社長一人や、社長とその家族だけで運営されている会社であっても、会社と社長の家族は別個の存在という扱いになります。だから、大会社と同じように福利厚生費を出しても差し支えないのです。

この福利厚生費というのも、けっこう広範囲に認められているのです。

従業員の健康のための経費だけではなく、遊興費なども支出することができるのです。

プライベート・カンパニーの中には、福利厚生費としてクルーザーを購入しているようなところもあります。

クルーザーというのは、好きな人には非常に魅力的でしょう。

またクルーザーは、節税アイテムとしても非常に優れているのです。

なぜかというと耐用年数が短いからです。クルーザーの耐用年数はモーターボートが4年、ヨットなどが5年となっています。

1000万円ほど出してヨットを買っても、たった5年で償却できるのです。しかも中古のヨットを買えば、さらに耐用年数は短くなり2年などということもあります。となれば、わずか2年で数百万円の償却ができるのだから、小金を貯めた中小企業の経営者にとっては打ってつけの節税アイテムといえるのです。

なので、日本の長い不況の間も、クルーザーの売れ行きは伸びていたのです。

ただしクルーザーが福利厚生費として認められるかどうかは、正式に判明しているわけではありません。

プライベート・カンパニーは相続税対策にもなる

プライベート・カンパニーは、相続税対策にもなります。

通常の相続の場合は、その人の資産を時価で換算し、遺族はその価額に応じて相続税を払うことになります。

が、自分の資産をプライベート・カンパニーに移していた場合は、遺族はその株式を相続することになります。

そして、非上場企業の株式の場合、会社の資産価値が、株式の資産価値ということになります。つまりは、会社の資産価値が、相続税の対象になるのです。

そして、その際の会社の資産の換算には、相続税上の特別な措置も講じられます。マンション経営、アパート経営の節でも述べたように、事業用の土地の場合は、相続財産としての評価額は大きく減じられます。

だから、プライベート・カンパニーが、貸マンション、貸アパートなどを所有していた場合には、その土地の評価額は、大きく下げられることになるのです。もちろん、相続税の対象額が大きく減じられます。

で、会社の資産価値を測る場合、「資産－負債＝資産価値」ということになります。

当然のことですが、会社に負債があればその分を差し引くことができるのです。

ところで、プライベート・カンパニーの多くは、帳簿上は赤字になっています。

前述しましたように、福利厚生費などでガンガン経費を積み上げることができますので、帳簿上の会社の経営状態は、赤字になってしまうのです（が、実際には、経営者が会社の経費を使っているだけなので、本当に経営が思わしくないということではありません）。

日本の会社の9割は、経営者とその親族で運営されている個人会社です。そして、日本の会社の7割以上は、赤字なのです。なぜ赤字になっているのか、というと、前述したようなスキームで、会社の経費を積み上げているからです。つまりは、わざと赤字になっているわけです。

なぜわざと赤字にしているかというと、法人税や法人事業税を払いたくないためです。

そして、会社が赤字になると、帳簿上は負債が溜まっていきます。

となると、会社の資産価値は大幅に減少します。

だから、相続する際には、会社は負債が溜まっていて、資産価値がほとんどない、ということもあるのです。

そして、資産価値がほとんどない場合は、株式を相続しても、相続税はほとんど発生しません。

他方、会社に負債がなくても、相続税をほとんど払わずに、株式を相続する方法はあります。

たとえば「事業承継円滑化のための税制措置」を利用する方法です。

「事業承継円滑化のための税制措置」というのは、中小企業の世代交代などがうまくいくよう、先代が死亡した際には、次世代に事業用資産をそのまま受け継がせるようにしている税金の特別措置です。

具体的に言えば、一定の条件を満たして、中小企業の株式を後継者が取得すれば、相続税などの納税を猶予するというものです。

それやこれやを使えば、プライベート・カンパニーくらいの規模の会社であれば、会社を引き継ぐ際には、ほとんど相続税は払わずに済むのです。

第6章

タックスヘイブンのヤバい真実

タックスヘイブンとは何か？

「タックスヘイブン」

という言葉、最近よく使われるようになりましたね。

2016年には、パナマから流出した「パナマ文書」に、各国の要人や世界的なスポーツ選手、俳優などが記載されているということで、物議をかもしました。

タックスヘイブンとは、「租税回避地」のことであり、税金ゼロかきわめて低い国や地域のことです。主なところに、ケイマン諸島、ヴァージン諸島、香港、シンガポール、ルクセンブルク、パナマなどがあります。

が、このタックスヘイブンも一般の方には、今一つよくわかりませんよね？

一体何が行われているのか？

利用すると、何が得なのか？

それを一つずつ説明していきたいと思います。

現在、世界中の大企業や富裕層は、法の抜け穴を衝いて、このタックスヘイブンを利用しています。

タックスヘイブンに住居地を置けば、個人の税金はほとんどかかりません。

日本人が、日本に住んでいる場合、嫌でも住民税がかかります。外国人も、一定期間、日本に住んでいれば、住民税を払わなければなりません。

また日本人も外国人も、日本で収入を得ていれば、原則として、所得税を払わなくてはなりません。

そういう税金を、タックスヘイブンに住んでいれば、払わなくて済むのです。

また各国を股にかけている多国籍企業が、本拠地をここに置いておけば、法人税の節税もできます。タックスヘイブンに本社を置いて、各国には子会社を置きます。そして、各国の利益は、本社に集中するようにしておくのです。

そうすればその企業グループ全体では、税金を非常に安くすることができます。だから、本社をタックスヘイブンに置いている多国籍企業も多いのです。

特にヘッジファンドと呼ばれる投資グループの多くはそうです。

かの村上ファンドが、香港に本拠地を移したのも、香港がタックスヘイブンだったことが要因ではないかと思われます。

またブルドッグソースを買収しようとした投資ファンド「スティール・パートナーズ」も、本籍地はタックスヘイブンで有名なケイマン諸島になっています。

そして、タックスヘイブンには、もう一つの性質があります。

それは「守秘性」です。

タックスヘイブンは、自国内に開設された預金口座、法人などの情報を、なかなか他国に開示しないのです。たとえ犯罪に関係する預金口座、企業などであっても、よほどのことがない限り、部外者には漏らさないのです。

そのため、世界中から、脱税のための資産隠しをはじめ、麻薬などの犯罪に関係する金、汚職など不正な方法で蓄えた資産が集まってくるのです。

つまり、タックスヘイブンは、脱税を幇助《ほうじょ》するとともに、犯罪マネーの隠し場所にもなっているのです。

タックスヘイブンに移住する人々

では、次に富裕層は、タックスヘイブンをどのように利用しているのか、具体的に説明していきましょう。

まず一番、オーソドックスな方法は、「タックスヘイブンに移住する」というものです。

海外に居住すると、どうして節税になるかというと、住所地が海外にある人は、日本で生じた所得だけにしか所得税は課せられないからです。

海外に居住している人の日本の所得税は次のようになっています。

日本から収入がある人　⇩日本からの収入にのみ所得税がかかる
日本からの収入がない人⇩日本の所得税はかからない

もちろん、海外の居住先の税法に従わなければならないので、所得税を払うケースもあります。

でも、海外の所得税の方が安ければ、その差額分だけ税金が安くなるのです。タックスヘイブンとされる国や地域では、所得税などは非常に低くなっていますので、税金がゼロかきわめて安くなるのです。

普通の人や、たいていの企業の場合、いくら税金が安いと言っても、南太平洋などに移住や移転をするわけにはいきませんよね。

でも一部の企業や、富裕層にとっては、それは可能なのです。お金に余裕があり、母国で生活する必要のない人は、タックスヘイブンに移転、移住をするのです。

そうすれば母国の高い所得税や住民税を払う必要はなくなるのです。

たとえば、シンガポールと香港を例にとってみましょう。

シンガポールでは、キャピタルゲイン（投資による収入）には課税されていません。つまり株式や不動産投資でいくら儲けても、税金は一切かからないのです。その上、所得税率は最高でも20%、法人税率は18%と、日本に比べれば非常に低いのです。

だからヘッジファンドのマネージャーなどがシンガポールに住んでいるケースも非常に多いのです。

シンガポールは国策として、海外の富豪や投資家などを誘致しようとしています。彼らがたくさん稼いで、多額の金を落としてくれれば潤うからです。

そのためさまざまな便宜をはかっています。

ちなみに、この国では贈与税や相続税もありません。

だからシンガポールでお金を稼いで、その金をシンガポール在住の子供に贈与すれば、税金はまったくかからないということになります。

そのためここには世界中から富豪や投資家などが集まってきているのです。

これに対抗して、香港でもほぼ同様の制度を敷いています。香港にも同じように移り住む金持ちが増えています。

このように外国企業からの配当などで大きな利益を得ている人は、タックスヘイブンと呼ばれる国や地域に住んでいたりするケースが増えているのです。

「海外在住」かどうか税務当局ともめるケースも

タックスヘイブンに「移住」する人の中には、「移住」と呼べる実態があるかどうか微妙な人もいます。

形だけ移住したということにする金持ちも多いのです。

だから、日本で仕事をしたり、実質的には日本に住んでいるのだけれど、一定期間だけ海外に居住して節税するということもあります。

日本の国内に住所地がない「非居住者」になるには、1年間のうちだいたい半分以上、海外で生活しておかなければならない、ということになっていますが、実は厳密な区分はないのです。半年以上生活していても、実質的な住所が日本にあるというような場合は、「海外移住」とは認められないこともあります。

そこには明確な線引きはないので、日本の税務当局ともめるケースも多々あります。

たとえば2007年、「ハリー・ポッター」シリーズの翻訳者の方が居住地をスイスにし、日本では確定申告をしていなかったのですが、実際は日本に住んでいたとして、国税当局から約7億円の追徴課税をされていたことがニュースになりました。

日本で本を出している翻訳者や作家などが海外に居住している場合、印税は源泉徴収されます。でも税金はその源泉徴収分だけでよく、日本で確定申告する必要はありません。

だから海外の税金の安い国や地域に住んだ方が、節税になるのです。

この場合、「ハリー・ポッター」シリーズの翻訳者の方はスイスに時々住んでおり、スイスを住所地にしておいたわけです。

でも日本の税務当局は、「生活の実態は日本にある」として日本での税務申告を求めたのです。

海外に住民票だけを移す脱税

前に少し触れましたように、海外移住すれば、日本で所得税を払わなくていいだけではなく、住民税も払わないでいいのです。

住民税というのは、住んでいる市町村、都道府県からかけられている税金のことです。住んでいないのだから、住民税を払わないでいいというのは、当たり前といえば当たり前ですが。

もちろん、海外での居住先で住民税を払わなければならないケースもあります。でも、日本ほど厳密ではないので、払わないで済むケースや、日本よりもはるかに低い額で済むケースがほとんどのようです。

だから、本当は日本で生活しているのに、外国に住民票だけを移して住民税を払わないというケースもけっこうあります。

もちろん、これは「脱税」になり、発覚すれば追徴税を払わされ、下手をすれば刑事罰に処されることもあります。

たとえば、2016年9月に、「ブラジル転出装い脱税＝元会社役員の親子在宅起訴―名古屋地検」という記事がネットで配信されました。

〈ブラジルに転出すると虚偽の届けをし、3年分の住民税計約1億7400万円を脱税したとして、名古屋地検特捜部は28日、地方税法違反などの罪で愛知県豊橋市の企業グループの山本清次（80）、長男の晴久（53）両元役員を在宅起訴した。

特捜部によると、2人は「税金を払いたくなかった。1997年ごろから継続的にやっていた」などと供述し、既に納税したという。豊橋市内で人材派遣会社などを経営し、複数の会社から役員報酬を受け取っていた。

起訴状によると、2012～14年の各年末、市役所にブラジルへ転出すると申し立て、13～15年度の確定申告書に同国の住所を記載。1月1日現在の住所地を基準に課される県民税と市民税を免れたとされる〉

（「時事ドットコム」2016年9月28日配信）

実は「住民税」というのは、以前からこの手の脱税には、弱いのです。

住民税というのは、居住している自治体にかかってくる税金です。徴収を担当するのは、市区町村の役所です。

住民税というのは、市区町村がその年の1月1日に住民票がある住民に対して、徴税するシステムになっています。

でも、もし海外に住民票を移していた場合、1月1日にはどこの市区町村にも住民票がありません。ということは、どこの市区町村も徴税しようとはしないのです。だから、それがもし嘘だったとしても、どこの市区町村も調査をしたりはしない、ということなのです。

そのため、一旦、住民票を移してしまうと、それ以上、その人を追跡するようなことはないのです。

だから、海外に住民票を移した場合、「管轄する市区町村がない」ということになり、脱税していたとしても、どこの市区町村も「管轄外」ということで追いかけないことになってしまうのです。

今回、脱税が発覚したのも、この親子が、豊橋市から転出した後も、豊橋市内で大々的に事業経営をしていたからです。この親子が経営していたのは、かなり大きな企業グループであり、ここまで大々的にやっていれば、さすがに市役所の方も気付くだろう、ということです。自分の市に住んでいる事実があれば、自分の市の管轄になりますので、市の担当者も摘発に動いたのでしょう。

が、もしこれが事業家ではなく、投資家などだった場合など、こっそり住民票だけ海外に移してしまえば、バレないことも多いはずです。実際このようなことをしている富裕層は、けっこういると思われます。

竹中平蔵氏の住民税の〝節税〟

小泉内閣時代に構造改革を進め、政権末期には総務大臣も務めたかの竹中平蔵氏も、そういう〝節税〟をしていたのではないかという疑いをもたれて、当時、国会でも追及されました。

彼は、アメリカで研究をしていた時期があり、そのときにアメリカに住所地を移していたのです。しかし当時彼は日本の大学で教鞭をとっており、「アメリカには時々滞在していただけではないか」「実質的に日本に住んでいたのではないか」という疑いの目を向けられていたのです。

住民票をアメリカに移しているので、当然、日本での住民税は払っていません。しかもアメリカでも申告していないのではないか、ということが問題になりました。

竹中氏は国会で、「住民税は日本では払っていないがアメリカで払った」と主張しました。日本で払っていなくてもアメリカで払っていたのなら、ともかく筋は通ります。

それを聞いた野党は、「ならばアメリカでの納税証明書を出せ」と言いました。でも竹中氏は、最後まで納税証明書を国会に提出しませんでした。

住民税というのは所得税と連動しています。所得税の申告書を基にして、住民税の申告書が作成されます。

これはアメリカでも同じです。国内で所得が発生している人にだけ住民税がかかるようになっているので、アメリカで所得が発生していない竹中氏が、住民税だけを払ったとは考えにくいのです。

税制の専門家たちの中にも、このケースは違法に近いと主張する人もいます。

日本大学の名誉教授の故・北野弘久氏もその一人です。北野教授は国税庁出身であり、彼の著作は、国税の現場の職員も教科書代わりに使っている税法の権威者です。左翼上がりの学者ではありません。その北野教授が、竹中氏は黒に近いと指摘しているのです。

でもこの疑惑は、うやむやになってしまいました。

このように海外移住による住民税の〝節税〟は、けっこう取り締まりが緩いのです。

国税が敗れた「史上最大の節税」とは？

タックスヘイブンに移住し〝節税〟している例をここで一つご紹介しておきましょう。

これは、日本税制の歴史に残る「史上最大の節税」と言われるものです。

それは、某大手消費者金融の創業者一族が行った方法です。

その消費者金融会社は、創業者が一代で築き上げたもので、東証1部に上場していたこともあり、創業者が保有している株式の資産たるや巨額になっていました。

もちろん、そのまま創業者氏が株を持ち続けて、死亡してしまえば、遺族には莫大な相続税が課されるはずでした。

そこで、一族はあることを考え付きます。

まず消費者金融会社の株を、オランダの会社に所有させるのです。オランダも、タックスヘイブンの一つであり、「安い税金」「会社のつくりやすさ」「金融の秘密」などの条件を兼ね備えています。

創業者氏はこのオランダに会社をつくり、そこに自分の持ち株を拠出したのです。

もちろんこのオランダの会社の株は創業者氏が握っており、実質的な支配は消費者金融会社の一族が行っています。

そして、創業者氏が持っているオランダの会社の株を、香港に住んでいる息子に譲渡したのです。

普通、日本人が日本人に物をあげた場合には、贈与税がかかります。

そして贈与しないまま死亡すれば、遺族には相続税がかかります。贈与税と相続税はほぼ同じ税率なので、どっちにしろ、同じ程度の税金を払わなければならないのです。

しかし、当時の贈与税の法律には抜け道がありました。

「外国の資産」を「外国に住む日本人」に贈与した場合は、贈与税はかからなかったのです。

当時の日本人の贈与に関する課税関係は次のようになっていました。

日本にある財産を日本在住の日本人に贈与する　⇩　贈与税がかかる

海外の財産を日本在住の日本人に贈与する　⇩　贈与税がかかる

海外の財産を海外在住の日本人に贈与する　⇩　贈与税がかからない

消費者金融会社の一族は、この抜け穴を利用したのです。

外国の資産（オランダの会社の株）を外国に住んでいる人（香港在住の息子）に譲渡するのだから、贈与税はかからない、そう解釈して、消費者金融会社の一族は贈与税を払わなかったのです。

実は国税当局もこの抜け道に気付いていました。

だから2003年の税制改正で「外国に住んでいる者に、外国の資産を贈与しても日本国籍を有するならば贈与税がかかる」ようにしたのです。

しかし消費者金融会社の一族は、この税制改正の直前に駆け込み的に贈与を行ったのです。創業者氏から長男へ贈与された株式の時価総額は推定2600億円以上でした。

2600億円を普通に贈与していたならば、贈与税として1300億円を払わなければなりません。それを無税で乗り切ったのです。

国税当局としても腹の虫がおさまりません。

「税金の抜け穴」を衝いたのは確かなのです。なんとか課税できないものか考えました。

そして「長男は香港に住民票を移しているが、実際は日本で生活しており香港に住民票を移したのは課税逃れのために過ぎない、実際は日本に住んでいたのだから日本の贈与税はかかる」という判断をしたのです。

そして追徴課税を課しました。

しかし、消費者金融会社の一族はその処分を不服として、裁判を起こしました。

この裁判がどうなったかというと、なんと国税が敗けたのです。

国税は徴収していた税金を消費者金融会社の一族側に返還しただけではなく、税金を仮徴収していた期間の利子約４００億円までを払うことになったのです。

この消費者金融会社のケースで腑に落ちないのが、「オランダの会社の株を外国資産」とされていることです。オランダの会社は、事実上、ダミー会社（ペーパーカンパニー）です。消費者金融会社の創業者の株を預けるためにつくられたものであり、その会社の支配権は、消費者金融会社の創業者が握っていました。その株は、現実的に見て、到底、外国資産とは言えないものです。

しかし、この裁判では、このオランダの会社の株については、争点になっていないのです。

ここに、タックスヘイブンの「分厚い壁」があると言えます。

というのも、これは日本だけの問題では済まされないのです。

もし、消費者金融会社がオランダにつくった会社をダミーだということにしてしまえば、オランダから日本に文句が来るはずです。つまりは、外交問題に発展する可能性があるのです。

タックスヘイブンとは、そういう「分厚い壁」があるので、世界中の税務当局が頭を悩ませているのです。

5年以上海外に住めば贈与税から逃れられる！

前節で述べた「史上最大の節税」は、現行の法律ではもう使えませんが、海外移住を使った「贈与税の〝節税〟」は、今でも可能ではあります。

現在の法律では、「海外に5年以上居住し、日本国内に5年以上住所がない人」が、「海外の資産」を贈与された場合は、贈与税がかからない、ということになっています。

だから、上場企業の創業者などが、自分の持ち株を海外のタックスヘイブンの会社に移し、その海外の会社の株を、5年以上海外に居住している子供などに贈与すれば、贈与税はかからないことになります。

実際にこの方法を取っている金持ちは、けっこういると思われます。

海外に移住するといっても、昨今では、交通の便や通信事情もよくなりましたし、ちょっと留学という感じで、５年ほど海外に行ってみるというのは、まったく無理なことではなくなりましたからね。

または海外支社に5年間勤務させたりもできますし。その間、日本にしょっちゅう帰ってきてもいいわけですし。

つまり、「史上最大の節税」は、今後も形を変えて行われる可能性が高い、ということなのです。

もちろん、これは相続税の〝節税〟にもなります。

莫大な資産を無税で、親族に贈与することができれば、生前に自分の資産はすべて親族に贈与しておくことができますからね。

タックスヘイブンの〝脱税サービス〟

次にもっと「こみいった」タックスヘイブンの利用法について説明しましょう。

富裕層といえどもその多くは、なかなかタックスヘイブンに「移住」することまではできません。

だから彼らは、タックスヘイブンに会社をつくり、そこに収益や資産をぶち込むのです。

しかし、先進諸国もこれを封じる対策を講じています。現行の法律では、タックスヘイブン対策として「会社の実態が本国にあれば本国で課税する」という取り決めをしています。

つまり会社の籍がタックスヘイブンにあっても、会社の実態が違う国にあるのならば、会社の実態がある国で課税するということです。

だから、タテマエの上では、「会社の籍だけをタックスヘイブンに置く」ということはできなくなっています。

が、タックスヘイブンの中には、法の抜け穴を衝くようなサービスをしてくれる業者もいるのです。巧妙に、「タックスヘイブンに会社の実態がある」というように見せかけるのです。

具体的に言えば、タックスヘイブンの中に、オフィスを構え従業員も雇うのです。「会社の実態」をつくるため、最低限の条件をクリアするのです。

またタックスヘイブンには各国から集まってくる企業や資産家を、守るためのサービスを提供する会社が数多く存在します。

それらのサービス会社は、多国籍企業のオフィスをタックスヘイブンに開設し、従業員もいるようにして、本社としての実体があるかのようなアリバイ工作をしてくれるのです。

またケイマン諸島、香港などのタックスヘイブンでは、日本人向けの銀行口座開設や法人設立の代行をしてくれる業者もたくさんいます。

「タックスヘイブン　法人設立」などの言葉で検索すれば、そういう業者はすぐに見つかります。

これらの業者は、法人設立をした場合に、現地で事務所の確保など会社の体裁を整え、ちゃんと社員もいるような形態に見せかけてくれるのです。

「会社の実態がない」として、税務当局から否認されないようにです。

つまりは、現地の業者が偽装工作をしてくれるということです。これらの業者は弁護士と提携し、法律的な面でもぬかりがないのです。

パナマ文書で有名になったパナマの法律事務所「モサック・フォンセカ」も、そういうサービスを行っていたのです。

「タックスヘイブンに会社の事務所が存在し、従業員もいる」ということになれば、「タックスヘイブンに所在する企業」として認めないわけにはいきません。

そこまでされれば、先進諸国の税務当局もなかなか手を出せるものではないのです。

どうやってタックスヘイブンからお金を引き出すのか?

前節では、タックスヘイブンを使っての逃税スキームを紹介しましたが、ここで大きな疑問が生じないでしょうか?

タックスヘイブンのペーパーカンパニーに移した資産には、確かに税金はかかりません。

でもタックスヘイブンのペーパーカンパニーから、その所有者に配当が行く場合は、本国で税金が課せられてしまうのです。

つまり、このスキームでは、税金を逃れようと思えば、お金をタックスヘイブンのペーパーカンパニーに置きっぱなしにしておかなければならないのです。

実際、タックスヘイブンのペーパーカンパニーに、お金を置きっぱなしにしている資産家や投資家もたくさんいます。

が、もちろん、彼らはそのままずっと置きっぱなしにしておくつもりはありません。

自分が必要なときには、お金を引き出すのです。

では、どうやって引き出すのでしょうか？

方法はいくつもありますが、簡単な例を三つほど紹介しましょう。

一つは、タックスヘイブンのペーパーカンパニーに、自分が欲しいものを買わせるということです。

たとえば、どこかの別荘が欲しい、というときには、ペーパーカンパニーがその別荘を買うのです。そして、その別荘を自分が使うのです。

こうすればペーパーカンパニーから配当をもらわずして、ペーパーカンパニーのお金を使うことができます。

実際に、ロンドンの高級住宅街などは、タックスヘイブンのペーパーカンパニーによって買い占められているのです。

二つ目は、ペーパーカンパニーからお金を借りる、という方法です。

会社からの配当であれば税金はかかりますが、借金であれば税金はかかりません。お金を借りたとしても、借りた相手は自分の所有する会社なのです。返済などはどうにでもなります。

これを露骨にやれば、税務当局から「実質的には借金ではなく配当である」とみなされて課税される恐れもあります。が、ペーパーカンパニーをいくつも噛ませて、取引をごちゃごちゃにしてしまえば、税務当局もそこまで追いつけないのです。

そして、三つ目は、母国が特別に一時的にタックスヘイブンからの送金を無税にすることがあり、それを待つという方法です。

アメリカなどでは、タックスヘイブンに蓄えられたアメリカ人の資産をアメリカ本国に呼び戻すために、たびたびこういう特別措置を行っています。ジョージ・W・ブッシュ大統領のときにも、バラク・オバマ大統領のときにも、この特別措置は行われました。

また日本でも、2015年までは、「日本の会社が、外国法人から配当を受ける場合には非課税にする」という制度がありました。つまり日本の会社が、タックスヘイブンに子会社をつくり、そこから配当を受けた場合は、非課税になっていたのです。

まるで、「泥棒に追い銭」というようなものですが、タックスヘイブンに資産が置きっぱなしになってしまうよりは、税金は取れなくても資産を本国に戻した方が景気刺激策になるという判断なのです。

タックスヘイブンに金を置いている資産家や大企業から見れば、ウハウハの措置です。

このようにして、世界中の富裕層は、タックスヘイブンで税金逃れをしつつ、そのお金をうまく引き出しているのです。

タックスヘイブンの非合法スキームとは？

これまで、タックスヘイブンを使って法の抜け穴を衝くスキームを紹介してきました。

が、タックスヘイブンには、法の抜け穴を衝くのではなく、あからさまな非合法のスキームを使っている人や企業も多いとされています。

むしろ、非合法の方が多いのではないかという見方さえあるのです。

税金を安くする方法には、2種類あります。

合法なものか、非合法なものか、です。

合法なものでも、当局との見解の相違によって、課税されたりすることもあります。が、非合法なものというのは、「法の解釈の仕方」によって「法の抜け穴」を衝くのではなく、法を無視するということです。

たとえば、タックスヘイブンの国や地域に、こっそり紙幣や貴金属を持ち込み、それを秘密口座にぶち込んでおくなどの方法を取るのです。

この非合法行為のデータというのは、現在、ほとんど流出していません。

非合法行為は、まっとうな法律事務所を使ったりはしていないからです。パナマ文書などのリーク情報は、まっとうな法律事務所を使っている人たちの情報です。法律事務所などを使わずに、まったくの非合法な行為をしていれば、どこにも記録は残っていないことが多いのです。

タックスヘイブンはこの非合法の節税（つまり脱税）にも、大きく門戸を開いているのです。

このタックスヘイブンの非合法行為者は、実態はわかっていませんが、かなりの人数に及ぶと見られています。

日本では、5000万円以上の海外資産を持っている人は申告をしなければならない義務があります。しかし、この申告をしている人は、現在のところわずか8000人しかいないのです。

日本にはミリオネアが280万人以上いるとされ、その中には海外に資産を移している人もかなりいると見られます。海外資産の申請者8000人というのは、1%以下であり、あまりに少なすぎます。

これはどういうことでしょうか？

資産をこっそり海外に持ち出し、海外で保管している人が相当数いるのではないか、ということです。

おそらく、申請者の数倍から数十倍はいると推測されます。

たとえば、税務署の事績発表で、次のような事例が挙げられています。

- 元会社員が生前に海外に保有していた不動産や預金など計13億4000万円の遺産を、遺族が隠し、相続税5億2300万円を逃れたケース。
- 海外の遺産を国内に送金する際、1回の送金額を200万円以下に抑えることで、金融機関から税務署への書類の提出義務が生じないように工作していたケース。

後者のケースでは、200万円以下ずつ海外に送金して、資産を国外に移したというものです。200万円以上の送金は銀行から税務署に情報書類を提出しなければなりません。なので、200万円以下にしたということです。

が、ここで税務署が発表しているのは、見つかりやすいケースだといえるでしょう。

たとえば前者のケースで、もしこれほどの金持ちではなく、小金持ち程度の人が海外に資産を持っていた場合はどうでしょう？

税務署はそれに気付くかどうかは、怪しいと思われます。

また後者のケースでも、もし銀行口座を利用するのではなく、自分で現金を持ち運んでいたとすればどうでしょう？

もし税関の目をすり抜けることができれば、何の証拠も残さずに海外に資産を移すことができるといえます。

そういう人たちの隠し資産を、日本の税務当局が発見するのは、非常に難しいのです。

なぜなら前述したように、タックスヘイブンの国や地域は、金融や資産において強固な守秘性を持っており、なかなか情報を開示しないからです。よほど犯罪性のあるものじゃない限り、脱税の疑い程度では、当局に情報を送ってくれないのです。

なぜ先進諸国はタックスヘイブンを放置しているのか？

このタックスヘイブンは、現在、先進諸国の頭痛のタネになっています。企業の多くが流出している先進諸国には、深刻な「税収減」となってしまったからです。

国内の企業が成長し、多国籍企業になると、本社をタックスヘイブンに移されてしまいます。そうなると、母国では税金が取れなくなるのです。

ただでさえ税収不足に悩まされている先進諸国にとって、これは大問題です。

タックスヘイブンで一番被害に遭っているのは、実はアメリカです。アメリカは、自国の企業のうち１万社近くがケイマン諸島に本拠地を移しているとされ、年間１０００億ドル（およそ11兆円）の税収を、失っているといわれています。

日本では、はっきりした統計はありませんが、兆の単位で税収が失われていると見られています。

現在、世界の銀行資産の半分以上、多国籍企業の海外投資の３分の１が、タックスヘイブンを経由していると言われています。

国際通貨基金（ＩＭＦ）は、２０１０年の発表で、南太平洋などの島嶼《とうしょ》部のタックスヘイブンだけで、18兆ドル（１８００兆円）の資金が集められているとしています。18兆ドルというのは、世界総生産の約３分の１に当たる巨額のものです。

しかも、これは「過小評価と思われる」と付記されています。

イギリスに本拠を置くＮＰＯ（非営利組織）の「税公正ネットワーク」は２０１０年末時点で、21兆～32兆ドル（２２７０兆～３４５０兆円）の金融資産がタックスヘイブンに保有されており、ヨーロッパの大手１００社のうち99社がタックスヘイブンに子会社を持っていると報告しました。

アメリカ会計検査院はアメリカの大手１００社のうち83社がタックスヘイブンに子会社を持っていると発表しています。

まあ、とにかく、タックスヘイブンというのは、世界経済に大きな悪影響を与えているのです。

もちろん先進諸国もただ手をこまねいているわけではありません。

各国が協調してこの対策に乗り出してきてはいます。

先進諸国は共同して、「タックスヘイブンに籍があっても実質的に母国に本拠地がある場合は、母国で税金を課せられる」という方針を打ち出しました。

また、タックスヘイブンの国や地域に、情報の開示を強く要請したりもしてきました。

しかし、現在のところ、有効な手立てとはなっていません。

というのも実際に、先進諸国は悩まされているというものの、タックスヘイブンを運営しているのは、実は先進諸国自身だからなのです。

タックスヘイブンというのは、「富裕層や大企業が南太平洋の小国を利用して税金を逃れている」という、ただそれだけの話ではないのです。

実は、タックスヘイブンの中心には、あの大英帝国の存在があるのです。

タックスヘイブンの代表格であるケイマン諸島、ヴァージン諸島というのは、イギリスの海外領です。

また香港、シンガポールなど、タックスヘイブンにはイギリスの旧植民地が多いのです。

これらの国々は、今でもイギリスと深い関係があります。

つまりは、タックスヘイブンのバックには、イギリスがいるのです。

なぜイギリスが、タックスヘイブンをつくったのか、これをざっくり言うと、「世界中の富をイギリスの海外領などに集めることで、イギリスの国際的な存在を高めようとした」のです。

拙著『パナマ文書の正体』（ビジネス社、２０１６年）で詳しく説明していますが、実は国際金融というと、ニューヨークのウォール街が中心地のように思われがちですが、そうではありません。国際金融全体のシェアを見てみれば、ロンドンのシティの方が、ウォール街を凌駕しているのです。

国際的な株取引の約半分、国際新規公開株の55％、国際通貨取引の35％は、ロンドンのシティが占めているのです。

またイギリスの外国為替取扱量は、１日あたり2兆７２６０億ドルであり、世界全体の約40％を占めています。もちろん、断トツの１位です。２位のアメリカは、イギリスの半分以下の１兆２６３０億ドルです。

国際金融センターとしての地位は、未だにロンドンのシティが握っているのです。

それはイギリスがタックスヘイブンの総元締めだからです。

国際決済銀行（ＢＩＳ）によると、イギリスとその海外領のオフショア銀行（海外にある銀行）の預金残高は推定3兆２０００億ドルであり、世界のオフショア市場の約55％を占めているということです。

つまりはタックスヘイブンが集めた金の大半は、イギリスが取り扱っているのです。

現在、イギリスの「経済力」というのは、世界経済の中でそれほど大きいものではありません。世界のGDPのランキングでは、だいたい第5位です。アメリカのGDPの6分の1に過ぎません。

そのイギリスが、金融の国際取引において、最大のシェアを持っているのです。イギリスは、産業力ではアメリカや日本などには勝てないので、金融力で世界を制覇しようとしてきたのです。

その結果、タックスヘイブンという怪物ができてしまったのです。

そして、イギリス系のタックスヘイブンを真似て、他の国々もタックスヘイブンをつくるようになりました。

アメリカも、タックスヘイブンと同様な地域をつくっています。デラウェア州、ネバダ州などでは、銀行秘密法に似た法律がつくられ、南米の有力者や富裕層のマネーロンダリングの最重要地点となってしまっているのです。

アメリカは、経済協力開発機構（OECD）の進める「金融口座情報の自動的交換システム」に加入を表明していません。これに加入すれば、南米地域などから集まったお金がアメリカから引き上げられる恐れがあるからです。

イギリス領のタックスヘイブンに散々手を焼いてきたアメリカは、他国民の脱税には平気で手を貸し、それでビジネスを行っているのです。

またスイス、ルクセンブルク、オランダなども、イギリスの海外領に対抗して、自国自身がタックスヘイブン化していきました。これらの国々は、もともと金融の秘密性を持っていたり、税金が安かったりしたのです。それをさらに、会社をつくりやすくしたり、金融の規制を弱めるなどして、企業や資産を呼び込もうとしたのです。

このように、イギリス、アメリカが総元締め的な存在になり、世界中のタックスヘイブンが広まっているので、規制は非常に困難なのです。

第7章

金持ちの相続は裏ワザがいっぱい！

養子も法定相続人になれる

これまで、金持ちの資産管理方法をいろいろ見てきましたが、その多くが相続税対策のためのものです。

が、まだまだ相続税対策というのは、たくさんあります。

それらは、「一般には、ほとんど知られてないのだけれど、富裕層の間では、非常に広まっている」というものも多々あります。つまりは、「庶民は知らないけど、金持ちだけが知っている」という情報がたくさんあるということです。

本章では、その一部をご紹介していきたいと思います。

まずは、次の「孫を養子に」という記事を読んでみてください。

〈遺産をもらった家族らにかかる相続税を節税する動きも盛んだ。

都内の30代の男性は3年前、他界した祖父の遺産5億円を一人ですべて相続した。通常ならば孫は法定相続人になれないが、祖父の強い意向で「養子」になっていたのだ。

祖父の法定相続人は配偶者の祖母と、実子の娘2人だったが、全員の同意のもとであえて孫に遺産を集中させた。家を継げる男性が孫以外にいなかったこともあるが、相続税を減らす狙いもあった。

祖母や娘を経由して孫に遺産が相続されると、相続税も複数回納めなくてはならないが、祖父から養子への相続なら1回の納税で済む。「孫養子」と呼ばれる手法で、この男性のケースでは約1億3千万円の節税が見込まれるという〉

（『朝日新聞』2015年9月7日朝刊）

この記事では、孫を養子にすることで、節税をしているということですが、まず、なぜ孫を養子にすれば、節税になるのか、ということをご説明しましょう。

相続税というのは、「法定相続人」の数が大きな役割を果たします。

というのは、相続税の基礎控除は「法定相続人×600万円＋3000万円」という算式で求められます。もし、法定相続人が2人だった場合は、「2人×600万円＋3000万円」となり、合計で4200万円です。つまり、4200万円までの相続財産には相続税はかからないということです。

この算式を見ればわかるように法定相続人が多いほど、相続税の基礎控除額は多くなります。つまり、法定相続人が多ければ多いほど、相続税がかからないで済む額が増えるということです。

そして、相続税というのは、遺産の額が多ければ多いほど税率が上がる「累進課税」になっています。

が、遺族が相続した遺産全体にかかってくるものではなく、遺産をもらった遺族ひとりひとりに対して、そのもらった遺産の額に応じてかかってくるものです。だから、なるべく多くの法定相続人に遺産を分散して、ひとりひとりのもらう額を減らしておけば、相続税を低く抑えることができるのです。

ただこの方法は、気をつけなくてはならない点があります。

孫を養子に入れた場合、子供たちにとっては、自分の遺産の取り分が減ることになります。養子にした孫の親は文句はないでしょうが、その親以外の子供たちにとっては、不服かもしれません。それが、〝争族〟の種になったりもするのです。

実際に、裁判になったケースもあります。

ある資産家が節税のために孫を養子に入れて死亡し、相続の際に、孫の親以外の子供たちが「この養子縁組は、相続税対策のものであり、実態がない」ということで裁判を起こしたのです。この裁判は、本書執筆現在継続中で、まだ結審していませんが、どちらに転ぶにしろ遺恨は免れないでしょう。

なぜビートたけしは孫娘を養子にしたのか？

法定相続人というのは、基本的に「配偶者」と「子供」となっています。つまりは、夫婦と親子ですね。

だから、妻と子供を残して死んだ場合は、妻と子供が法定相続人となります。子供がいない場合は、両親も法定相続人になり、子供も両親もいない場合は、兄弟姉妹も法定相続人になります。なので、基本的には、孫は法定相続人にはなれないのです。

が、相続税の裏ワザとして「養子」という手があるのです。

子供がいない夫婦などが、時々、養子縁組をすることがあります。この養子は、相続税的には、子供として「法定相続人」として扱われます。

ただし、養子はすべて無条件で法定相続人になれるわけではなく、子供のいない夫婦で2

人まで、子供のいる夫婦は1人までという制限が定められています。なので、孫を養子にすれば、法定相続人が1人増えるということになるのです。

そして、孫を養子にした場合、もう一つの相続税対策にもなるのです。

というのは、普通、相続というのは、親子の間で行われます。親が死ねば子供に、その子供が死ねば、その子供の子供に、という具合にです。

だから、通常であれば、孫に相続されるときというのは、一度子供が相続し、その子供が死んだときに相続されることになります。つまり、孫というのは2回目に相続を受けることになるのです。

そして、2回目の相続ということは、「相続税」が二度発生することになります。

親から子が相続する時に、1回相続税を払い、次に孫が相続する時にも相続税が発生するからです。が、孫を養子にしておけば、相続税1回分を払わなくていいわけです。

相続税というのは最高税率55%なので、資産家にとってはバカになりません。相続税を2回払えば、単純計算では、100の資産が20になってしまうのです。それを避けるために、孫を養子にして、相続税を1回減らそうというわけです。この相続税対策は、資産家の間で広く行われており、あのビートたけし氏も長女の子供を養子にしています。たけしが節税をしようとしていたかどうか、真相は不明です。ただ結果的には節税になっています。たけしの場合、娘が離婚するなどして、たけし夫妻の育児支援が欠かせないようなので、養子にすることは、別に不自然ではありませんが。

養子をとることによる相続税対策には、若干のマイナス点もあります。

それは、養子の場合は、通常の相続の2割加算という制度があるということです。親子関係以外の法定相続人の場合（兄弟姉妹などが法定相続人になった場合）、相続税は2割加算するという制度があります。

この制度は、養子にも適用されるので、養子の場合は、実子よりも相続税を2割余計に払わなければならないのです。

が、2割払ったとしても、相続税を1回回避できるので、資産家にとっては節税になるケースが多いといえます。

相続税の裏ワザ――自社ビルを子供の名義にする方法

筆者が、国税調査官をしているとき、思わずうなってしまった相続税対策をご紹介しましょう。

それは、自社ビルを使ったスキームです。

企業の経営者の方などでは、自社ビルを建てることも珍しくありません。

自社ビルといっても、いろいろありますからね。何十階もある大企業の自社ビルもあれば、2階建てで、住宅に毛の生えたような自社ビルもあるわけです。

で、ちょっと頑張れば、中小企業の経営者の方でも、自社ビルを建てることはできるはずです。

そういう自社ビルを子供の名義にしておけば、相続の時に大きな節税になるのです。

このスキームは、簡単に言えば、次のようなものです。

まず、子供の名義でビルを建てます。建設資金は、親が保証人になって子供がローンを組みます。そして、会社は子供に家賃を払います。

子供が大家なので、家賃を払うのは当然ですよね？

で、子供は、その家賃でローンを返せばいいわけです。

親が保証人になったとしても、子供自身が銀行から融資を受けているわけなので、課税関係にはまったく関係してきません。

だから、子供は何もせずに、贈与税も払わずに、親からビルをプレゼントしてもらえるのです。

ただし、このスキームは、子供が未成年のような場合は、難しいといえます。

というのも、税金の世界には、「社会通念上」という考え方があります。

「社会通念上」というのは、法的にはすべてクリアしていても、「常識」に照らしておかしいと思われることについては、否認されることがある、という意味です。

たとえば、ビルの所有者の名義が、幼児になっていたとして、その手続きが法律上問題はなかったとしても、実際のところ幼児がビルの管理や不動産経営などをできるはずはないので、実質的な所有者は、その幼児の保護者だとみなされるわけです。

だから、そのビルから生じた収益は、名義上の所有者である幼児ではなく、その保護者のものだとみなされ、保護者に対して課税されるのです。

なので、未成年の子供が自分でビルを建てたりする今回のスキームが認められる可能性は低いのです。

ただし、早くから社会に出ていて、立派に仕事をしていて、不動産の売買をしてもおかしくないような実績があれば、その限りではありません。

会社から個人へ贈与するという裏ワザ

また、会社の経営者などは「会社から個人へ贈与する」という方法で、贈与税、相続税を逃れることもあります。

たとえば、経営者である父が、会社の資産を子供に贈与する、というようなことです。

このとき、子供が会社と無関係の場合は、子供にとっては一時所得となります。

で、この裏ワザのキモは、「子供が会社と無関係であること」なのです。

子供が会社と関係がある場合は、子供にとっては給与所得となります。しかし、子供が会社と無関係であれば、子供にとっては一時所得となりますから、一時所得の税金というのは、次のようになります。

(もらった金額－50万円)×0・5＝一時所得金額

一時所得金額×税率＝所得税

つまり、一時所得というのは、実際の収入の２分の１しか税金の対象にならないのです。

たとえば、会社から１０００万円を贈与してもらったとします。

税金の計算は次のようになります。


（１０００万円－50万円）×０・５＝４７５万円

税金がかかるのは４７５万円なのです。この４７５万円に対してかかってくる所得税は50万円程度です（他に収入があれば、若干、数値は変わってきます）。

つまり、１０００万円もらっても50万円程度の税金で済むのです。

１０００万円を普通に贈与されれば、２７５万円の税金がかかってきます。また会社の報酬としてもらってもその程度の税金はかかってきます。

だから、会社と関係の無い人が、会社から贈与を受けた場合、税金は非常に安いのです。

ただし、この裏ワザには欠点もあります。

それは、贈与した会社側にも税金がかかってくるということです。

つまり、もし１０００万円贈与すれば、この１０００万円がほぼ丸々、課税所得に加算されるのです。会社の税率は約30％なので、約３００万円もの税金がかかってきます。だから、会社の税金を含めて考えれば、割高になってしまいます。

もらった人の税金が安くなっても、あげる方の会社の税金が高くなって、差し引きが高くなるなら、元も子もありませんね。

が、もし、会社に赤字が積みあがっているような場合、つまり、法人税などが発生しないような場合は、その赤字が消えない程度に贈与すれば、会社は税金を払わないで済むのです。

小さな会社などでは、帳簿上は赤字が続いているようなところってけっこうありますよね？　そういう会社では、これは節税効果が高い裏ワザということです。

ちなみに、会社や個人が、誰かに贈与した場合の税金の仕組みは、図表7のようになっています。

偽装離婚という裏ワザ

相続税、贈与税の裏ワザには、「偽装離婚」という方法もあります。

離婚した時に支払われる慰謝料や、子供の養育費には、相続税、贈与税がかかりません。

図表７

個人から個人への贈与	⇨	あげた方には税金はかからず、もらった方に贈与税がかかる
個人から会社への贈与	⇨	あげた方には税金はかからず、会社には法人税（事業税等含む）がかかる
会社から個人への贈与（個人が会社と関係がある場合）	⇨	あげた方には税金はかからないが、もらった方は給与所得として所得税がかかる。ただし、個人が役員などの場合には、会社にも税金がかかる
会社から個人への贈与（個人が会社と無関係の場合）	⇨	あげた方には法人税（事業税等含む）がかかり、もらった方には一時所得として所得税がかかる
会社から会社への贈与	⇨	あげた方にも、もらった方にも法人税（事業税等含む）がかかる

離婚した時に、自分の資産を全部、妻にやってしまえば、どんなに莫大な資産であったとしても、相続税、贈与税はかからないのです。

だから、金持ちの中には、わざと離婚（つまり偽装離婚）して、相続税、贈与税を逃れようという人もいるようです。

故・伊丹十三監督の映画『マルサの女』パート１の中で、資産家が「自分が本当に脱税をしようと思う時は、離婚をして財産を移す」ということを述べています。これは、現実にも行われていることなのです。

ところで、この「偽装離婚」はスキーム的には大丈夫だと思いますか？

もちろん、税金を逃れるために故意に離婚したということが、明白であれば、追徴課税されることになりますし、下手をすれば脱税として刑事罰を食らうことになります。が、離婚の場合、偽装か偽装でないか、ということが、外からは非常にわかりにくいものなのです。

現在の結婚の形態、夫婦の形態というのは、さまざまです。

結婚していなくても、長年、夫婦同様の生活をしている男女もいますし、結婚しているのに離婚同然の生活をしている男女もいます。離婚した後も、元夫婦が時々会うのは全然、珍しくありませんし、中には一緒に暮らしている元夫婦もいます。

つまりは、何をもって「偽装離婚とするか」ということは、なかなか難しい判断なのです。

昔から、多額の借金を抱えた人が、借金が妻に及ぶのを防ぐために、離婚するケースもありましたしね。

私の記憶の範囲では、「夫婦が離婚を偽装して贈与税を逃れた」というケースで、税務訴訟になったケースはないようです。もしそういう訴訟があれば、「何をもって偽装離婚とするか」の判断基準がわかるのですが。

地主さんの逃税術

第2章では、「資産を不動産に換える」ことで、資産管理をするというスキームをいろいろ紹介してきました。

が、金持ちの中には昔から、地主さんという人たちがいます。

彼らは、自分の資産を土地に換えたわけではなく、最初から土地を持っていたわけです。

彼らの資産管理術には、特殊なものがあります。それもここで紹介していきましょう。

地主さんの多くは、農家です。

先祖代々農業をやっていて、少しずつ田畑を増やし、結果的に広大な土地を所有することになったというわけです。

で、農家というのは、現在、決して潤っている職業ではありません。多くの農家の方々は、農産物の自由化などの影響で、かなり厳しい経営を強いられています。

が、農家の中には、大都市の近郊（もしくは大都市の中）に農地を持っている人がいます。

そういう人たちは、非常にラッキーな形で、大金持ちになったわけです。

終戦直後まで、日本の就労人口の半分は農業であり、日本中いたるところに農地がありました。渋谷の周辺でも農地はたくさんあったのです。

しかし、戦後の日本は急激な勢いで発展し、それとともに各地で都市化が進みました。そして、信じられないくらいの速度で、土地の値段が上がりました。

そうなったときに、都市部や都市近郊にいた大規模農家は、急に大金持ちになったわけです。

まあ、先祖のおかげと、時の運で大金持ちになったというわけです。大規模農家でも、地方にいた人は、あまりそういう恩恵に浴してはいないのです。

この地主さんたちは、今でも都市部や都市近郊に広大な土地を持っているケースがけっこうあります。戦後70年も経っており、土地成金になった農家も、1、2回は、相続を経験しているはずで、普通に考えれば、もうそれほど広大な土地を持っているはずはないのです。

にもかかわらず、都心部にいきなり農家風の大豪邸があったり、付近のアパート、マンションの所有者が、同一人物だったりすることがあるわけです。

彼らは、なぜそのような大地主で居続けることができるのでしょうか？

実は、これにも、相続税の裏ワザが大きく関係しているのです。

というのも、農家の場合、農地を自分の親族に相続させる場合は、「相続税猶予」という特典があります。つまり、後継者が農地を相続し、引き続き農業をする場合は、相続税は一旦、免除されるのです。そして、後継者が20年以上、農業を続けた場合に、猶予された相続税は免除となるのです。

農地というのは、国民の生活に直結するものなので、農地法等でいろいろな制約を受けています。農地は、簡単には、宅地に変更したりはできないのです。その代わり農地を農地として使用し、農業を続けている場合は、税金面で優遇措置が取られているのです。

が、この制度を悪用する人たちも、けっこういるのです。

どういうことかというと、本当は農業をしているわけではないのに、一応、農業を続けているという体を取り続けるのです。形ばかり果樹などを植えて、「ここは農地です」ということにするのです。高度成長期からバブル期にかけて、こういう〝偽装農地〟が、都心部のあちこちに見られました。

もちろん農地を持ち続けているだけでは、意味がありません。いくら、農地のある場所が一等地になり、土地の値が上がったところで、農地として使用している限りは、「土地成金」にはなれないわけです。

だから、この農地を宅地に変更しなくてはなりません。

が、前述しましたように農地というのは、そう簡単に宅地などにはできないことになっています。農地法等の法律によって、農地を変更するためには、さまざまな条件をクリアしなければならないのです。

また何より、農地を宅地に変えてしまえば、その時点で相続税が発生してしまいます。20年、農業を続けた後ならばいいですが、そうでなければ、莫大な相続税を払うハメになります。

しかし、ある裏ワザを使えば、農地を簡単に宅地にすることができるのです。それは、分家した子供などの家を建てるということにすればいいのです。それを申請すれば、けっこう簡単に許可が出るのです。もちろん、相続税は発生しません。

そして、一旦、宅地にしてしまえば、それは、もう農地としての縛りはなくなるのです。

だから、一旦、分家の家を建てるということにして、農地を宅地に換え、その後に、マンションやアパートなどを建てるという「裏ワザ」がかなり使われているのです。

そういう地主さんたちは、莫大な相続税を一銭も払わずに、都心の一等地に、マンションやアパートを何棟も持っているケースがあるのです。

もはや相続税は名ばかりの税金

これまで相続税の裏ワザを数々紹介してきましたが、こういう心配が芽生えた方も多いのではないでしょうか？

「こんなことでは日本で相続税は払われなくなるのじゃないか」

と。

実は、その心配は、現実化しています。

これらの節税スキームにより、日本の相続税は税収を大幅に減らしているのです。

日本の相続税は、税率こそ最大で55％であり、かなり高額です。

しかし、タックスヘイブンなどの抜け穴があるので、税収はまったく上がっていないのです。

現在、相続税の税収は、１兆円～２兆円です。

これは消費税の10％程度です。

日本には１７００兆円にも及ぶ莫大な個人資産があることを考えれば、これはいかにも少なすぎます。

実は現在、全国の相続資産に対する相続税の割合は2%に過ぎないのです。

毎年、毎年、生じる遺産のうち、税金として徴収されるのは、わずか2%に過ぎないということです。遺産の98%は、そのまま遺族が手にするのです。もちろん、それはタックスヘイブンなどを用いてです。

この実質課税率の低さは、我々に大きな影響を与えています。

簡単に言えば、富裕層から相続税が取れないから、庶民から税金を取るということです。

たとえば、2015年から相続税の課税最低限が6000万円から3600万円に引き下げられました。

これはどういうことかというと、これまで6000万円以上の遺産をもらった親族にしか相続税は課せられていませんでしたが、2015年からは3600万円以上の遺産をもらった親族には相続税が課せられるようになったのです。

3600万円というと、ちょっと便利のいい場所に普通の家を持っていたら超える可能性がでてくる金額です。つまり普通の庶民にも相続税が課せられるようになったということです。

数十億、数百億の遺産をもらっている人は、タックスヘイブンを使うので、相続税を払わない、そのしわ寄せで、庶民が相続税を負担するようになったのです。

相続税というのは、親の格差を子供になるべく引き継がせないという趣旨の税金です。しかし、その趣旨をまったく果たしていないのです。むしろ格差を増長させる税金になってしまったのです。

何百億円の遺産を受け継ぐ人というのは、まともに税金を払ったとしても、約半分の遺産は残るのです。普通に税金を払ったとしても、一般の人には及びもつかないような遺産を手にするのです。にもかかわらず、タックスヘイブンがあるので、彼らはまともに相続税を払ってくれないのです。

しかも矛盾が生じているのは、相続税ばかりではありません。

昨今の税制全体に、この矛盾が生じているのです。

消費税にしてもしかりです。

消費税というのは、収入のうち消費に回す割合が多い人ほど、税負担率が高い「逆進税」です。つまり、収入の多くを預金や投資に回すような富裕層には税負担が低いのです。

たとえば、年収２００万円の人は、収入のほとんどを消費に回すので、収入に対する税負担はほぼ8％です。しかし、年収1億円の人は、収入の大半は預金や投資に回すので、収入に対する消費税負担率は8％よりはるかに低いのです。1％以下になるケースも多々あります。

この消費税（間接税）は、今、日本だけじゃなく世界中の国々で引き上げられつつあります。富裕層や大企業から直接税を取れないので、広く浅く取れる消費税で賄おうということです。

つまりは、金持ちがまともに税金を払わないから、我々庶民の税負担が大きくなるということです。

金持ちはますます肥え太り、我々の生活はますます苦しくなる——今は、世界的に格差社会になっているのです。

第8章

税務当局の対応

日本の金持ちは税金を払っていない？

これまで、お金持ちのヤバい資産形成術、節税策を紹介してきましたが、こういう心配を持たれた方も多いのではないでしょうか？

「日本の金持ちは、ほとんど税金を払っていないのではないか？」

と。

非常に残念なことですが、その心配は当たっているのです。

日本は、巨額の財政赤字を抱えている一方で、個人金融資産は、1700兆円もあります。計算上、一人当たりの金融資産は1000万円を超え、アメリカに次いで世界第2位です。

日本では、生まれたばかりの赤ん坊から百歳以上の老人まですべての人が、金融資産を平均で1200万円程度も持っていることになります。4人家族であれば5000万円近くの金融資産を持っているということです。

しかも、これには土地や建物など、金融資産以外の資産は含まれません。純然たる金融資産だけで、1200万円ということです。一人あたり1200万円という数字は、我々にとっては、別世界の話のようです。今の日本で、４人家族で５０００万円も持っているなら、けっこう金持ちの部類に入るはずです。

もちろん、この個人資産の多くは、我々庶民が持っているものではありません。これらの金融資産の多くは、一部の人たちに集中しているのです。それが、格差社会の大きな要因でもあり、日本の財政が悪化している要因でもあります。

しかも、この個人金融資産はこの20年で急増しています。

１９９０年の段階では１０１７兆円でしたが、２００６年には１５００兆円を超えています。わずか16年で50％増になっているのです。その後、リーマンショックの影響で若干減りましたが、その後、また増加し１７００兆円に膨れ上がっているのです。

90年代のバブル崩壊以降、日本経済が長い低迷に陥っているときに、個人金融資産は７００兆円も上積みされていたわけです。

なぜこんなに個人金融資産が増えたのかというと、その大きな要因が金持ちの税金を取りっぱぐれていることなのです。

実は日本の金持ちは、先進国の中で実質税負担率が異常に低いのです。

いや、名目の富裕層の税率は、日本は高いのです。日本の所得税の最高税率は40％、相続税の最高税率は55％なので、先進国の中ではもっとも高いと言えます。しかし、日本の税金には、さまざまな抜け穴があるため、実際の税率よりもかなり低いもので済むようになっているのです。

わかりやすい例を示しましょう。

先進主要国の国民所得に対する個人所得税負担率は、日本は断トツで低いのです。アメリカ12・2％、イギリス13・5％、ドイツ12・6％、フランス10・2％に対して、日本はわずか7・2％です。

個人所得税というのは、先進国ではその大半を高額所得者が負担しているものです。国民全体の所得税負担率が低いということは、すなわち「高額所得者の負担が低い」ということを表しているのです。

そして信じられないかもしれませんが、日本の金持ちはアメリカの金持ちの半分以下しか税金を払っていないのです。

09年のアメリカの個人所得税は、1兆2590億ドルでした。これは日本円に直すとだいたい100兆円ちょっとです（当時の為替レートで）。一方、日本の09年の個人所得税は15兆5000億円程度です。なんと6分の1程度です。人口比、GDP比を考慮しても半分以下となります。

アメリカと日本の所得税の税収がこれほど違うのは、〝金持ちの税金の抜け穴〟がものを言っているのです。

これはつまり、日本の富裕層は、先進国の富裕層に比べて断トツで税負担率が低いということなのです。

そもそも日本の相続税は高いのか？

ここまで、主に金持ちの相続税の逃税策についてご紹介してきました。

これを読んだ方の中には、

「日本の相続税は世界一高いのだから、金持ちが税を逃れようとするのは無理もない」

と思った方もいるのではないでしょうか？

が、相続税というのは、実は決して高い税金ではありません。

相続税というと、最高税率の55％ばかりが一人歩きし、まるで相続資産にそのまま55％もの税金が課されるようなイメージとなっています。しかし、実際には、相続資産に55％もの税率が課されることはありません。ほとんどの場合、10〜20％程度なのです。

そもそも相続税というのは、かなり大きな財産をもらわないとかかってこない税金です。

現在、基礎控除が３０００万円あり、それに遺族一人当たり６００万円の控除があります。

簡単にいえば、最低でも３６００万円以上の遺産相続がなければ課税されない、ということです。

また相続税というのは、遺産の額によって段階的に税率が引き上げられることになっており、最初は10％からです。だから今の税法では５０００万円程度の遺産相続をしても、10〜15％しか税金はかかってこないのです。

しかも自分が住んでいる住宅などが遺産だった場合は、大幅な割引制度もあります。１億円程度の自宅をもらったとしても、相続税がかかることはほとんどありません。

だから数億円程度の遺産をもらったくらいでは、せいぜい10〜20％しか相続税はかからないのです。

高い税率が課せられる人というのは、遺族一人あたり数十億円以上の遺産がもらえる超大金持ちに限られるのです。

しかし、そういう大金持ちは、タックスヘイブン、タックスシェルターなどを駆使して、課税を逃れているのです。その結果、前述したように、日本の相続資産全体に対する課税割合はたったの２％になってしまっているのです。

普通の金持ちは正当な節税だけで相続税はゼロになる

そもそも、ちょっとした金持ち程度（資産２～３億円くらい）では、普通の節税策を施せば、相続税はかかってきません。

すでに述べたように、たとえば、贈与税には毎年１１０万円の基礎控除があります。これは１１０万円までの贈与ならば贈与税はかからないというものです。

親族４～５人に毎年１１０万円ずつ贈与すれば、10年間で５０００万円程度の資産を親族に移すことができます。またこの贈与税の基礎控除というのは、親族だけに適用されるものではなく、誰に対しての贈与でもいいのです。だから、自分の大事な知人などに贈与すれば、自分の遺産を無税でその人たちに移すことができます。10人の親族や知人に毎年１１０万円贈与すれば、20年で２億もの資産を移すことができるのです。

また孫の教育資金には１５００万円までは無税で贈与ができるという特別制度もあります。

さらに、配偶者が遺産を受け取った場合、1億6000万円までは相続税がかかりません。また配偶者の場合は、遺産がどれだけ多くても、遺産の半分までは無税で相続できます。だから、1000億円の遺産があったとしても、その妻は500億円までは無税で相続できるわけです。

そして残された家に関しては、家族がまだ住んでいる場合は、宅地面積が330㎡以下であれば、遺産としての評価額を8割減にするという特別制度もあります。たとえば、5億円の宅地が遺産として残されたとしても、そこにまだ住んでおり、面積が330㎡以下ならば、相続資産としての評価額は1億円で済むのです。

そして、相続税というのは、遺産をもらった個人個人にかかってくる税金であり、遺族全体にかかってくる税金ではないのです。

たとえば、2億円の遺産を残して、お父さんが亡くなったとします。法定相続人は、妻と子供2人の合計3人です。

法定相続人が3人ということは、基礎控除が4800万円なので、残りの1億5200万円が相続税の対象になります。

でも、この1億5200万円にそのまま税率がかけられるわけではないのです。

図表８　相続税の正当な節税策の主なもの

節税策	内　容	効　果
贈与税の基礎控除を使う	親族や知人などに、贈与税の基礎控除110万円枠を使って生前に贈与する	多くの人への贈与を長期間続ければ、億単位の金を無税で移転できる
配偶者の特別控除を使う	被相続人の妻（もしくは夫）に１億6000万円もしくは、遺産の半分を相続させる	妻（もしくは夫）には相続税はかからない
宅地の特別措置を使う	遺産を現金ではなく家で残す	同居していた家族であれば、宅地の遺産評価額の80％免除される
孫の教育資金免除規定を使う	自分の資産を孫の教育資金として贈与する	1500万円までは無税で贈与できる

１億５２００万円を３人で均等に分けたとすれば、一人あたり５０００万円ちょっとです。だから、もらった側からすれば、５０００万円に対して、相続税がかかってくるのです。

相続税は、もらった金額が多いほど税率が上がっていく「累進課税」になっています。

相続対象額が５０００万円の場合、税率は20％で控除額が２００万円あるので、相続税は８００万円です。また妻には、相続税はかかりません。だから、子供２人が８００万円ずつ相続税を払うことになります。

つまりは、２億円の遺産を相続して、相続税は１６００万円で済むのです。税率にしてわずか８％です。〝貧乏人〟が年間に払う国民健康保険よりはるかに安い率なのです。

しかも、これは相続税対策を全然施さなかった場合のことです。もし、ちょっとでも対策をとっていれば、この程度の税金はたちまちゼロになってしまうでしょう。

つまり、普通の金持ち程度では、相続税はかからないということです。

相続税がかかるのは、何十億、何百億の大資産家であり、普通の人、普通の金持ちにはほとんど関係ない税金なのです。

何十億、何百億の遺産をもらえるのであれば、最高税率55％の相続税を払っても、バチは当たらないはずです。税金を払った後でも、何十億、何百億の遺産を手にできるわけですから。

しかも大資産家にとっても、遺産に対して最高税率の55％がそのまま課せられることはなく、基礎控除、配偶者への控除、宅地の特別措置などにより、実際の税率はかなり低くなります。実際の税率が55％を超えることはほとんどないのです。

相続税、贈与税はそれほど厳しい税金ではない

そもそも、相続税、贈与税というのは、それほど厳しい税金ではありません。

バブル期には、家の値段が上がり過ぎて、普通に住んでいた家を相続税の支払いのために手放さなくてはならなかったようなケースもありましたが、現在は、前述の宅地の特別措置などがありますので、そういうことはなくなりました。

普通の暮らしをしている人、ちょっとした金持ちには、かかってこない税金ですし、杓子定規に適用されている税金でもありません。

たとえば、子供や孫に対する教育資金などは、よほどのことがない限り、贈与税は課せられません。本来の税法に照らし合わせてみるならば、年間１１０万円を超える贈与をし、適切な申告をしていない場合は、贈与税がかかってきます。が、世間には、「孫の入学金を出してやった」「孫の学費を全部だしてやった」というような、祖父母はいくらでもおり、彼らのほとんどは贈与税の申告などはしていません。

税務当局も、「そういうことは世間ではままある」ということは認識しつつも、それを厳しく取り立てるようなことはしていないのです。

金持ちのドラ息子が、学生の分際で高級車を乗り回したりしていることはありますよね？　またお坊っちゃん、お嬢様が、信じられないほどの浪費をしていたり、月１００万円以上小遣いをもらったりしていることもありますよね？

そういうのも、本来は贈与税がかかるのです。

が、税務当局がそういう部分について、課税をしたという話は聞いたことがありません。ドラ息子の浪費に対しては、課税してもいいんじゃないかと、筆者は思いますが。

まあ、とにもかくにも、相続税、贈与税というのは、富裕層を痛めつける税金でもなければ、不自然に厳しい税金でもないのです。というより、格差を解消していく上で、最低限必要な税金だと筆者は思います。にもかかわらず、この税金が、きちんと取れていない、ちゃんと払っていない人が多いということなのです。

税務当局は何をやっているのか？

本書を読み進めているうちに、こういうことを思った人も多いのではないでしょうか？

「税務当局は手をこまねいているだけなのか」

と。

もちろん、税務当局は手をこまねいているだけではありません。

今、日本で富裕層にばかり富が集中していることや、富裕層が違法ギリギリの方法で、相続税などを逃れていることもわかっています。

国税や財務省の官僚たちも、「富裕層の税金が安い」「今の日本の税制が不公平」ということは、わかっているのです。

そして、それを良しとしているわけではありません。

多くの官僚たちは、どうにかして富裕層の課税を強化したいと考えています。が、政治がらみのいろいろな事情で、逆のことをせざるを得なかったのです。

彼らも本音を言えば、富裕層からもっと税金を取るべきと思っています。

だから、監視の目を強化しようとしています。

そのもっともわかりやすいものが、マイナンバー制度です。

２０１６年1月から始まったマイナンバー制度は、当初は税金、年金についてのナンバーリングということになっていますが、18年からは、預貯金口座にもナンバーがふられる予定になっています。

当局がもっとも狙っているのは、これです。現在（16年末）のところは預金者の告知は任意になっていますが、義務化が検討されています。

預貯金口座にナンバーリングされ、預金者の告知義務が生じるようになると、国民の預貯金がすべて国家に把握されることになります。

この最大の目的というのは、「富裕層に対する課税強化」です。それは、嘘偽りのないところです。

マイナンバー制度というのは、財務官僚にとっては悲願でもありました。

富裕層の課税を強化する場合に、もっとも重要なことは、彼らの収入や資産をきっちり把握することです。税金を課すにはそれが一番、重要なことなのです。

しかし、富裕層の収入や資産というのは、複雑・多岐にわたっていることが多いものです。複数の会社から報酬を得ていたり、さまざまなところに投資を行ったり、不動産収入があったりします。それを一つ一つ確認するには大変な労力を要します。現行では、それを完全にやり遂げるのは不可能なのです。

そこで、マイナンバー制度を導入しようということになったのです。

100万円以上の国外送金の報告義務

マイナンバー制度のほかにも、税務当局は、富裕層を対象にさまざまな監視策を行っています。

現在、次のような施策が講じられています。

•国外への送金及び国外から受領した送金の金額が１００万円を超えるものについて、金融機関が送金者及び受領者の氏名、取引金額及び取引年月日等を記載し、税務署に提出しなければならない（本規定の施行は１９９８年４月、１００万円への引き下げの施行は２００９年４月）

•５０００万円超の国外財産（預金、有価証券や不動産等）を有する者は、財産の種類及び価額等を記載し、税務署に提出しなければならない（２０１４年１月施行）

•右記国外財産の届け出において、正当な理由がない不提出や虚偽記載には罰則が適用される（２０１５年１月施行）

•所得金額２０００万円超、かつ、３億円以上の財産（預金、有価証券や不動産等）又は１億円以上の有価証券等を有する者は、財産の種類及び価額等を記載し提出しなければならない（２０１６年１月施行）

これらの調書は、明らかに富裕層の不正防止のためにつくられたものです。

100万円以上の送金をすれば、それを行った金融機関は、必ず調書を作成して、税務署に提出しなければならないのです。だから、金融機関から、海外に多額の送金をする場合は、そのデータは税務署に把握されることになります。

これは、送金者本人じゃなくて、金融機関が調書を作成するものなので、漏れはほとんどないといえるでしょう。

しかし、3億円以上の財産を持つ人、5000万円以上の海外資産を持つ人の報告は、本人が行うものなので、報告しない人もけっこういるものと思われます。

富裕層対策チームをつくった国税庁

国税は、組織としても富裕層対策を講じています。

たとえば、次の「超富裕層の税逃れ監視、全国展開　国税庁、来年7月から」という記事を読んでみてください。

〈国税庁は25日、国際的な租税回避や富裕層による海外への資産隠しなどに対応する「国際戦略トータルプラン」を公表した。このなかで、富裕層の中でも特に資産を持っている人たちの情報を専門的に集めて監視する取り組みを、来年7月から全国に拡大することを明らかにした。（中略）

超富裕層への取り組みは「重点管理富裕層プロジェクトチーム（富裕層ＰＴ）」といい、２０１４年7月に東京、大阪、名古屋の各国税局に設置した。現在は計約50人で構成する〉

（『朝日新聞』２０１６年10月25日）

つまり、国税庁は、近年、全国で50人規模の調査チームをつくって、タックスヘイブンなどの海外脱税の監視を強化している、ということです。まあ、このように、いろいろ手は打っているわけです。

が、状況から言えば、あまりに後手に回りすぎているということは言えます。

世界最大の金融グループ、クレディ・スイスの調査などによると、日本で１億円以上の資産を持つミリオネアは、２８０万人以上いるとされています。また日本の国税庁の発表では、海外に多額の資産を持っていると申告している人だけでも、８０００人近くいるのです。それをたった50人で担当するっていうのは、無理な話でしょう。

国税庁というのは、組織全体で約５万６０００人の職員がいるのです。そのうちの50人ということは、たったの０・１％に過ぎません。

富裕層は、日本全体の富の大半を握っているとされています。そういう人たちを、監視するのに、国税庁の０・１％の人員しか割いていないというのは、あまりに無謀なことだと言えます。

税務当局は、実は日本でこれほど富裕層が急増するということは、想定していなかったものと思われます。

国税庁の組織というのは、地方の資産家や中小企業などの税務調査をすることに主眼が置かれています。企業もあまりないような地方の税務署に、何十人も企業向けの調査官が配置されているのです。

一方で、投資家として急に資産を増やした人や、海外を股にかけて事業を行っている企業などには、弱いのです。

地方にいる調査官を教育し直して、富裕層ターゲットの調査機関をつくり直すべきだと筆者などは思います。富裕層専門の部署を少なくとも、数百人規模の調査機関にしないと意味がないでしょう。

富裕層という階級は、一番、ずる賢いところであり、一番、税金が取れるところでもあるので、それだけ人を投入しても無駄ではないはずなのです。

富裕層を重点的に取り締まれば税収が上がる

また富裕層を重点的に取り締まるということは、税収増にもつながるのです。

それは、明確にデータとしても現れています。

国税庁の発表によると、15年度の税務調査では、高額な資産や所得を持つ富裕層の申告漏れが、総額５１６億円に上ったということです。これは、統計手法が現在と同じになった09年以降でもっとも多い額となっています。

一般的な税務調査における申告漏れ額は平均９４１万円でしたが、富裕層では平均１１７９万円で、約20ポイント高いわけです。また、海外取引を利用していたケースの申告漏れ額の平均は、全体平均の３倍となる２９７０万円でした。

このように富裕層の海外取引の申告漏れというのは、他の層の3倍にもなるのです。これは当たり前と言えば、当たり前です。お金をより多く持っている者の方が、税金をごまかしたり、間違ったりする額も大きくなるわけです。

わずか50人しかいない富裕層対策チームが500億円もの申告漏れを発見しているのです。この対策チームをもっと拡充すれば、もっともっと追徴税が見込めることは間違いないのです。

そして、申告漏れ額516億円というのは、富裕層の実態から見ればあまりに少なすぎるともいえます。富裕層が持っている資産は1000兆円以上あることは確実であり、前述したように相続税の税収というのは、相続資産の2%以下しか取れていないのです。つまりは、富裕層の税逃れで摘発されたものは、氷山の一角のそのまたほんの一片に過ぎないということです。

これでは、まだまだ国税庁が本気で、富裕層に対する調査をしているとは思えません。国民の不満をそらすためのポーズをしている程度でしょう。本当に、本気で、本格的な富裕層への課税強化をしてほしいものです。

海外対応が遅れる国税庁

拙著『最強の国家権力・国税庁』（中公新書ラクレ、２０１６年）でも指摘しましたが、富裕層の逃税への対応、特に海外を使った逃税策への対応は、非常に遅れています。

これまで、述べてきましたように、海外を使った逃税策というのは、昨今、激増しています。しかし、国税庁の方は、海外の逃税について、適切な手を打っているとはとても言えないのです。

というのも、富裕層の申告漏れの総額は増えているのですが、脱税での摘発額は減っているのです。

国税庁の発表では15年度、全国で摘発された脱税件数は１８１件で、総額はおよそ１３８億円です。１４０億円を下回ったのは、41年ぶりのことなのです。前述しましたように、申告漏れというのは、「うっかりミス」や「税法の解釈誤り」であり、脱税というのは、不正な操作をして、税金を逃れる行為のことです。つまりは、不正操作をして逃れた税金の摘発額が減っているということです。

これは、「脱税する人が少なくなった」ということを意味するものではありません。というのも、海外を使った脱税は28件で、この5年間で最高となっています。しかし、この海外脱税というのは、しつこいようですが氷山の一角の一角のそのまた一角程度だと言えます。

ミリオネアが200万人以上おり、これだけタックスヘイブンが活発化しているのです。海外脱税が28件というのは、あまりに少なすぎます。

日本の国税庁は、02年に東京、大阪など4つの国税局に「国際取引プロジェクトチーム」をつくりました。このほかに、全国の国税局には国際取引の情報を専門に集める部署も設置されています。

また海外取引専門の調査官を養成するために、「国際租税セミナー」という研修を行っています。これは勤務経験が一定以上の職員が試験で選抜され、毎年100人を英会話、貿易実務、国際租税などを5ヶ月間かけて研修するというものです。

が、これで、十分に対応できているとはとても言い難いです。

国際租税セミナーの研修修了者は、毎年100人しか輩出されません。100人ということは、国税職員の中の約0・2%に過ぎません。10年かかっても、ようやく2%です。

そもそも、国税職員で英語を話せる者は非常に少ないのです。

筆者が国税に在籍していた当時（十数年前）、英語を話せる職員はほとんどいませんでした。日常的に話せるレベルではなくても、片言でも通じるレベルの者さえほとんどいなかったのです。

もし少しでも話せる人は、国際取引の部署に回されていました。国際取引のチームにいる人でも、ようやく片言で英語が話せるという程度だと言えます。

最近、国税の後輩に聞いてみましたが、実情はほとんど変わっていないようです。英語を話せる職員さえ満足にいないのだから、中国語、フランス語、ドイツ語などは全くお手上げだと言えます。

このままでは、日本の税収はほとんどタックスヘイブンに持っていかれることになるかもしれません。そうなれば、タックスヘイブンを使えないような中間層以下に、税負担のしわ寄せがくることになります。

こういう状態が野放しにされれば、「海外に資産を持ち出せるくらい裕福な人」は税金を払わずに済み、それができない中間層以下の人たちばかりに税負担が押し付けられることになるのです。

実際、昨今の日本では、富裕層、大企業の税金は大幅に下げられる一方で、消費税の増税など、庶民をターゲットにした増税が続いています。

タックスヘイブンは、日本の格差社会の要因の一つにもなっているのです。それは、日本だけじゃなく、世界規模で生じていることです。

今、タックスヘイブンをどうにかしなければ、日本や世界の未来は、暗澹《あんたん》たるものになっていくでしょう。

あとがき

本書では、金持ちのあくどい逃税スキームを紹介してきました。

「金持ちが不当に税を逃れる」

という行為は、太古から行われてきたことでもあります。そして、歴史的に見て、国が傾くときというのは、たいがいの場合、金持ちの税逃れがエスカレートし、国家が税収を得られなくなってしまうとき、なのです。

古代エジプトは、非常に優れた徴税制度を持つことで大繁栄したのですが、やがて特権階級が勃興し、徴税がままならなくなって衰退しました。ローマ帝国は、脱税の横行により属領からの課税を強化せざるを得なくなり、属領の叛乱により崩壊につながりました。

またフランス革命は、貴族たちが国土の多くを所有している上、税も免れていたことから国家財政が悪化、そのしわ寄せがいった市民の不満が爆発して起こったものなのです。

これらの歴史的経緯を見ると、現代社会というのは世界的に「フランス革命前夜」の状態とも言えます。

一部の富裕層が、富の大半を握っている上に、タックスヘイブンなどを利用して、税を逃れています。これで、格差社会にならないはずがないのです。しかも、これは日本だけのことではありません。世界中で同様のことが起きています。格差社会は、日本だけの問題ではなく、世界的な問題にもなっているのです。


格差社会が生じている最大の要因は、相続税が機能していないということだといえます。相続資産のわずか2%しか税金として徴収できていません。となると、金持ちの資産はそのまま親族に引き継がれるため、格差はなくならないのです。

本書で紹介してきた金持ちの節税策の多くも、相続税対策のものです。

なぜ金持ちが相続税を逃れようとするかというと、相続税は一度に巨額の税金を払わなければならないからだと思われます。

「莫大な遺産を相続しているのだから、たくさん税金を払ってもいいじゃないか」

と我々庶民は思います。が、金持ちから見れば、「自分がもらえるはずだった金を国から横取りされる」ということになるようです。

金持ちというのは、自分たちばかりが富を独占していたら、社会全体の活気が失われ、やがて社会の崩壊につながるということを、知らないようです。金持ちには意識改革が必要だと言えます。

が、金持ちの意識改革を待っていると、格差社会はどんどん深刻化していきます。

どうにかして「金持ちから税金を取るスキーム」をつくるべきだと思われます。

この「金持ちから税金を取るスキーム」として、筆者は「富裕税」を提唱したいのです。

富裕税というのは、一定の資産を持っている人に対し、かけられる税金のことです。この富裕税を、たとえば資産1億円以上持っている人から、年に1%程度徴収し、相続税は廃止するのです。

相続税の最高税率は55%です。金持ちとしては、自分がせっかく築き上げた資産が半減してしまうという気持ちになるのでしょう。だから、必死になって、相続税を逃れているのです。その結果、相続資産に対する税徴収率は2%にまで落ち込んでいるのです。

が、毎年1%の富裕税となると、そう高いものではありません。相続税よりは負担感はないはずです。

また毎年1％程度ならば、タックスヘイブンに資産を移すよりも、実質的には得になるはずです。タックスヘイブンに資産を移すには、さまざまな経費が必要です。また為替などの影響も受けることになります。毎年、数％の損は覚悟しないとならないはずです。

それに比べれば、年1％の富裕税は安いものです。タックスヘイブンに資産を移すより、国内でまともに税金を払った方が、得だし、気も楽なはずです。

タックスヘイブンだけじゃなく、各種の節税方法に比べても、富裕税は安くつくはずです。タックスシェルターや財団などを使っても、年間数％の損というのは普通に出ます。だから、下手に税金対策をするよりも、普通に税金を払った方がいいということになるのです。

またこの富裕税には、還付制度などの特典を設けてもいいでしょう。

富裕税を払っていた金持ちが、破産したり、生活保護以下の経済水準になったりした場合は、今まで納付した富裕税を倍にして還付する、などの特典をつけるのです。そうすれば、金持ちにとっては、富裕税は「生活の最後の一線を守る保険」ということになります。金持ちというのは、常に財産を失うことを恐れています。金持ちは、事業や投資に失敗したりなど、財産を失う機会もけっこう多いのです。だからこそ、税金を払いたがらないのです。金持ちというのは、庶民以上に「保険」を求めている人たちなのです。

だから、国が〝最後の一線〟を保障してやれば、金持ちとしても税金を払いやすいはずです。金持ちが破産したり、生活保護以下の経済水準になるのは、確率的に見れば微々たるものなので、納付した税金を倍にして還付しても、国庫的にはほとんど影響を受けることはないのです。

そして、富裕層の資産に対し、毎年1％の税をかけると、かなり大きな税収が見込まれます。現在、日本人の金融資産は１７００兆円あり、その多くは富裕層が所有しているものです。だから、この金融資産に対する富裕税だけでも、年間10兆円は下らないでしょう。

しかも、金持ちが保有している資産というのは、金融資産だけではありません。不動産などの資産は、金融資産の数倍あると見込まれます。

だから、富裕税はわずか1％の税率で、少なく見積もっても20兆から30兆円にはなるのです。現在の消費税の税収よりもはるかに大きいのです。

国民全体の消費に8％もの税金をかければ、国民の消費を大きく落ち込ませることになります。実際、消費税を増税するたびに、消費は落ち込んでいます。しかし、富裕層の資産に1％の税金をかけても、消費にはまったく影響しません。だから、景気対策的に見ても、消費税よりも富裕税のほうが断然優れているのです。

とにもかくにも、現在の税制は、金属疲労を起こしており、大改革が必要な時期に来ていることは間違いがないことだと思われます。

そのためには国民が、税金とは何なのか、今の税金の実体はどうなっているのかを正確に知ることが肝心だと言えます。本書を執筆した最大の動機は、そのことなのです。

最後に、中央公論新社の黒田氏をはじめ、本書の制作に尽力いただいた皆様に、この場をお借りして御礼を申し上げます。

2016年　晦日

著　者

Chuko Shinsho La Clef

中公新書ラクレ 573

金《かね》持《も》ちのヤバい資産形成術《しさんけいせいじゅつ》

2017年2月10日発行

著者 大村大次郎《おおむらおおじろう》

発行者 大橋善光
発行所 中央公論新社
〒100-8152 東京都千代田区大手町1-7-1
電話 販売 03-5299-1730
編集 03-5299-1870
URL http://www.chuko.co.jp/

本文印刷 三晃印刷
カバー印刷 大熊整美堂
製本 小泉製本

©2017 Ojiro OMURA

Published by CHUOKORON-SHINSHA, INC.
Printed in Japan ISBN978-4-12-150573-6 C1233

定価はカバーに表示してあります。落丁本・乱丁本はお手数ですが小社販売部宛にお送りください。送料小社負担にてお取り替えいたします。

●本書の無断複製（コピー）は著作権法上での例外を除き禁じられています。また、代行業者等に依頼してスキャンやデジタル化することは、たとえ個人や家庭内の利用を目的とする場合でも著作権法違反です。

中公新書ラクレ刊行のことば

世界と日本は大きな地殻変動の中で21世紀を迎えました。時代や社会はどう移り変わるのか。人はどう思索し、行動するのか。答えが容易に見つからない問いは増えるばかりです。1962年、中公新書創刊にあたって、わたしたちは「事実のみの持つ無条件の説得力を発揮させること」を自らに課しました。今わたしたちは、中公新書の新しいシリーズ「中公新書ラクレ」において、この原点を再確認するとともに、時代が直面している課題に正面から答えます。「中公新書ラクレ」は小社が19世紀、20世紀という二つの世紀をまたいで培ってきた本づくりの伝統を基盤に、多様なジャーナリズムの手法と精神を触媒にして、より逞しい知を導く「鍵《ラ・クレ》」となるべく努力します。

2001年３月

中公新書ラクレ　好評既刊

Chuko Shinsho La Clef 396

あらゆる領収書は経費で落とせる

大村大次郎
Omura Ojiro

17万部

経理部も知らない！

経費と領収書のカラクリ

メモ一枚、「上様」、
レジャー費用でもＯＫ？
キャバクラ代も経費で落とせる？
車も家も会社に買ってもらえる？

経理部でさえ誤解する領収書のカラクリを、元国税調査官が解き明かし、超実践的知識を伝授する。

経費の仕組みがわかると、会計もわかる！

「世間で思われているより、経費で落とせる範囲ははるかに広いのです」

元国税調査官が明かす、
超実践的会計テクニック。

中公新書ラクレ　好評既刊

Chuko Shinsho La Clef

437

税務署員だけのヒミツの節税術

あらゆる領収書は経費で落とせる

【確定申告編】

大村大次郎

Omura Ojiro

14万部

会社員も自営業も、
税金はこの裏ワザで
取り戻せる！

- 税務署員に「扶養家族」が多いワケ
- 妻年収103万円以上でもトクする法
- シロアリ駆除、雪下ろしで所得控除
- 温泉、スポーツジム通いで医療費控除
- 4年落ちの中古車を買え！
- 税務調査されにくい申告書作成術

元国税調査官が教える、
大増税時代を生き抜く悪知恵

中公新書ラクレ　好評既刊

Chuko Shinsho La Clef

478

サラリーマンの9割は税金を取り戻せる

あらゆる領収書は経費で落とせる【増税対策編】

大村大次郎
Omura Ojiro

5万部

大増税への対抗策！

「源泉徴収とか確定申告ってややこしい」。そんな人こそ、チャンスだ。税の世界は知った者勝ちなのだから。本書は元国税調査官が、最小の労力で最大の効果を上げる裏ワザを伝授。「ふるさと納税」「禁煙・薄毛・ED治療」「税務署員にグレーゾーンを認めさせる方法」等々の〝悪知恵〟を身に付けて、大増税時代を生き抜け。これでもうお上の〝詐欺〟には、だまされない！

本書より

- ふるさと納税すれば実質2万円の税金還付
- 生命保険は掛け捨てじゃないほうがいい!?
- 医療費控除を使い倒せ！
- 禁煙治療も医療費控除の対象となる！
- 住宅ローン控除を使いこなそう！
- 還付申告はいつでもできる

中公新書ラクレ　好評既刊

Chuko Shinsho La Clef

512

あらゆる領収書を
経費で落とす！

「金持ち社長」に学ぶ禁断の蓄財術

大村大次郎
Omura Ojiro

4万部

累計45万部突破！
元国税調査官の裏情報シリーズ

実質年収2000万円以上でも税金はなんとゼロ！　元国税調査官が見聞きした、ズル賢くてウハウハな方法を一挙公開。サラリーマンでもできる「無税スキーム」が満載。

目次より

はじめに
――島田紳助はなぜ長者番付に載らなかったのか？
1章　金持ち社長は「二つの財布」を持っている
2章　「公私混同」は会社経営の醍醐味
3章　衣食住も会社の金で支払っちゃおう
4章　なぜ売れっ子芸能人は会社をつくるのか？
5章　社長がベンツに乗る理由
6章　サラリーマンも会社をつくろう！